实施生命教育 关注学生健康成长

主　　　编：周尚芬
副 主 编：王　娅
编委会委员：周尚芬　王　娅　张朝万　陈　勇
　　　　　　赖留君　金存雯

北方妇女儿童出版社
·长春·

图书在版编目(CIP)数据

实施生命教育 关注学生健康成长 / 周尚芬主编. --
长春：北方妇女儿童出版社，2021.6
ISBN 978-7-5585-5601-2

Ⅰ.①实… Ⅱ.①周… Ⅲ.①生命哲学－教学研究－
中小学 Ⅳ.①G633.202

中国版本图书馆CIP数据核字(2021)第131188号

实施生命教育 关注学生健康成长

SHISHI SHENGMING JIAOYU GUANZHU XUESHENG JIANKANG CHENGCHANG

出 版 人	周尚芬
责任编辑	向传书
开　　本	787 mm×1092 mm 1/16
印　　张	12.5
字　　数	158.2千字
版　　次	2021年6月第1版
印　　次	2021年6月第1次印刷
印　　刷	重庆五湖印务有限公司
出　　版	北方妇女儿童出版社
发　　行	北方妇女儿童出版社
地　　址	长春市龙腾国际出版大厦
电　　话	总编办：0431-81629600
	发行科：0431-81629633

定　　价 48.00元

在新版部编教材《道德与法治》中，重视生命教育，关注中小学生健康成长，是道德与法治教育的重要内容。生命教育是优质教育、美好教育、幸福教育的代名词。它标示着教育的方向，规定着教育的品质，照耀着教育的主题。生命教育之所以受到越来越多人的关注和认可，是因为生命教育的理念符合人的发展和社会发展的需要。著名教育家陶行知先生说："千教万教教人求真，千学万学学做真人。"面对多彩生活世界，提高生命的活力，关注学生的健康成长，培养学生求真理，学好科学文化知识，把广大青少年学生培养成社会主义的建设者与合格接班人，这就是立德树人的根本任务，也是道德与法治教育的重要内容。

回顾2020年春季的新冠病毒疫情突然来袭，给世界各国人民带来了严重的灾难。人们的生命受到严重威胁，全世界数百万人为此付了沉重的生命的代价。为保证疫情期间工厂不停产、学校不停课，我国教育部办公厅、工业和信息化部办公厅联合印发的《关于中小学延期开学期间"停课不停学"有关工作安排的通知》中，明确提出注重加强生命教育，在《给全国中小学生家长在疫情防控期间指导孩子居家学习生活的建议》中，也专门强调了加强生命教育的重要性。随后，在2020年5月延迟召开的全国两会期间，有多位全国人大代表提议在学校中重视生命教育，并单独开设生命教育的相关课程。这些都充分说明在中小学生中开展生命教育已形成广泛的社会共识，并将上升为国家实施教育改革发展的战略方针。

重庆市江津区东城小学正在实施的重庆市教育科学规划课题"小学实施体验教育实践研究"，把在学生中"开展生命教育，关注学生健康成长"作为本课题研究的重要内容。学校明确提出了"尊重学生的主体地位，关爱学生的生命健康，促进学生幸福成长"的核心理念，形成了"尊重生命、欣赏生命、生命技能、生命成长"四个关键词。把生命教育融入学校教育中，提升学生发展的必备品格，提升中国学生核心素养总体框架发布的综合素养，为学生全面发展、终生发展助力。

基于全校师生对"生命教育"的认同与深刻理解，学校构建了"七彩文化课程、生命成长课程、地域文化涵养课程、生活力教育课程、劳动教育体验课程"五大课程体系。七彩文化基础课程的构建基于学生知识积累、学习能力和学习方式的差异，包括国家课程、艺术修养课程、科技创新课程。生命成长课程关注学生情趣、体质、性格特征，设有自然回归、体育超能、怡趣增智课程。地域涵养课程强调家庭生态、学习环境、国际视野等因素，具体包含乡土文化、社区实践、生活力教育。课程按照著名教育家陶行知"生活即教育"的思想，组织学生走向社会，走进自然，了解生命，关注健康，积极参加社会实践。劳动教育课程，组织学生开展各种形式的社会实践活动,手脑互动的劳动实践以及生产劳动等。生命教育的有效开展,全面提升了学生的综合素质,有效提升了学校的办学水平。

生命教育为什么能够在我校广大师生中形成共识,并积极推动学校教育教学的改革发展?是因为新时代的生命教育给传统教育注入了新的活力,它反映了人们日益重视生命的品质以及对于美好生活向往的需求,是一种新形态的教育学。首先,它关注现实的、具体的人的处境,悲悯人的命运,彰显人的价值,呵护人的尊严,引领人夯实人生的根基,追求属于自己的幸福,是人文主义的教育学。其次,它涉及教育、学校工作的方方面面,旨在培养和成就"完整的人",是完整的教育学。第三,生命教育不仅对学生重要,对教师也同样重要。因为它关注教师的生存境况和生命姿态,强调"为教师的美好生活添彩",赋予教师的工作"以生命影响生命、以生命成就生命"的意义,鼓励教师享受工作及整个人生的意义与乐趣,是教师的教育学。第四,生命教育强调知行合一,强调将美好的生命情怀体现在我们所有哪怕是细微的行为之中,在教育生活中收获独特、丰富、深刻的生命体验,是行动的教育学。

生命教育是生命影响生命的活动,我们不仅要关注学生的生命成长,也要关注教师的生命健康。教师是生命教育的关键力量,教师拥有良好的生命姿态和专业素养,师生之间的相互温暖和相互成全才更有可能。生命教育强调为教师的美好生活添彩,关注教师校园生活质量,关注教师生活幸福指数的提升,关注教师职业的认同感、自豪感和成就感。有了教师这个基础,生命教育才能做到实处。生命本身具有开放性,生命教育也一样，生命教育的开展要从社会中汲取力量。生命教育的开展还要从历史中汲取力量,比如系统梳理中华优秀传统文化中关于"保养生命""敬畏生命""成就生命"的思想资源和人文典故。生命教育的开展也要借鉴国际的先进经验。

总之,对"生命教育"的理解是一个不断丰富和深化的过程,使它从一个教育观念变成教育信念,所谓"信念"，就是我们坚信无疑。本书作为在中小学生核心素养培育中深入推进教育教学改革实践,探讨了在道德与法治教育中实施生命教育的现实意义与价值取向,其目的是让生命教育在更多的教育者心中深深地扎根,并成为更多教育者生命成长中源源不断的力量。

目录
Contents

第 一 章
在青少年学生中开展生命教育
的意义与价值取向

第一章 在青少年学生中开展生命教育的意义与价值取向

"生命"对于我们每一个人来说，都是最为宝贵的。生命诚可贵，我们所做的一切有价值的事情，无非是能够让生命更加灿烂，更加辉煌，更加持久。生命教育，最简洁的表述就是为了生命的健康开展的教育，就是实践以人为本、科学发展的理念，为学生的幸福人生奠基，为教师的美好生活添彩——这是新时代教育工作的价值追求。

第一节 生命教育的基本内涵

在日常生活中，当一些重大事件引发人们审视和思考生命的时候，当人们日益关注生命的意义和质量的时候，人们总是会提起和讨论生命教育。而且，越来越多的学校也在践行和落实生命教育。那么，什么是生命教育?生命教育有什么意义呢?

一般认为，"生命教育"（lifeeducation）是在1968年由美国学者唐纳·华特士提出的。他认为生命教育是一套新的教育系统，这套教育系统有着与传统教育不同的教育目标、课程和教育原则。

他创办了一个从幼儿园到中学的学校集团，名为阿南达学校，生命教育得以在阿南达学校实践、验证和修整。唐纳·华特士的生命教育思想主要包括：教育要教导学生生活的艺术，使他们懂得如何明智、快乐而且成功地生活着；教育要鼓励学生从生活中学习，强调他们的切身经验，学习过程应该是人性化的，学习要和学生真实的需求与兴趣产生关联；真正的教育是自我教育；生命迈向成熟的四个阶段是身体的年纪、情感的年纪、意志的年纪和思考的年纪，生命教育也是对成长与自我发现的探索。阿南达学校的生命教育实践以及这些关注人的生命深层需要的教育理念很快传播到许多国家和地区，形成了一种新的教育思潮。

自从杰·唐纳·华特士倡导和实践生命教育后，世界各国的学者从不同的视角对什么是生命教育提出了不同的观点。我们认为，生命教育有这样几层含义：它是生命历程的教育，是健康的生命教育，通过生命本身的教育，充满生命气息的教育。

一、生命历程的教育

教育为了什么？有的人强调教育是为了学生的升学考试和就业；有的人强调教育是为了促进社会公正和谐与发展。我们认为，生命是苍天馈赠给我们的最珍贵的礼物，是自然创造的奇迹，而教育则是人类自身馈赠给生命的最珍贵的礼物。个体生命的成长与幸福，是教育最正当的价值追求。生命教育就是为了生命更加美好、更加幸福和更加久远的教育。为了生命更加美好意味着教育要服务于学生生命的完整成长。成长是生命最为积极和美好的姿态，是每一个人生命历程中永恒的主题。学生的生命成长通过身体、认知和社会经验的发展而得以实现；促进学生的自主发展、和谐发展、有特色的发展和可持续的发展是生命教育的自觉追求。为了生命更加幸福意味着教育要着力培养学生营造幸福人生的能力。一个人不管毕业于哪一所学校，所学的是哪一门专业，获得了怎样的学位，最终都得面对生活。一个能感到生活幸福的人一定会更多地珍惜生活，善待自我，友爱他人和奉献社会。感受幸福的能力源于内心的力量，生命教育要着力帮助学生聚集这种力量，为学生的幸福人生奠基。为了生命更加久远意味着教育承载着延续和发展人类精神生命的重任。个体生命十分短暂，而人类生生不息，每个人都有追求永恒与不朽的冲动，永恒与不朽的只能是精神，它通过"立德、立功、立言"而得以体现。生命教育要弘扬和升华人的精神需要，并引领学生过有品位的精神生活。

二、健康的生命教育

生命是一个奇迹，一段旅程，一张网络。对于这个奇迹的构成，这段旅程的规律和这张网络的相互影响，我们的了解都十分有限。人们对于生命自身的探索和认识都还不够，比如生命的潜能有多少?生命如何得到发展?个体生命的生与死是什么样的?对于这些问题，我们还不能做出很好的回答。生命本身也是需要探索和学习的，关于客观世界的知识是重要的教育内容与学习内容，关于生命本身的知识更是重要的教育内容和学习内容。我们不仅要学习数理化，更要学习如何安全地生存，如何快乐地生活，如何迈向生命的丰盈、成熟与幸福。生命教育是关于生命的教育，是引导人们关注生命、了解生命、认识生命的教育，是阐释生命现象、生命过程和生命本质的教育，是探索"生命与自我、生命与他人、生命与社会、生命与世界"关系的教育。从这个意义上说，生命教育是课程开发的重要领域，它涵括了丰富的学习主题，如"生命的起源与演进""生命的结构与功能""出生与死亡""安全与健康""生命的情感与意志""生命的权利与责任""生命的价值与意义""生命的尊严与幸福"等。

三、通过生命本身的教育

教育的方式多种多样，可以通过书本、物品和网络技术，也可以通过生命本身。生命本身就是一个大教室，不论是成人还是孩子，都可以倾听生命本身的声音，从生命中学习，通过生命进行教育。生命教育强调用生命去温暖生命，用生命去呵护生命，用生命去撞击生命，用生命去滋润生命，用生命去灿烂生命。从这个意义上说，生命教育是一种方法。它强调将成长中的欣喜、快慰、挫折、烦恼和困顿等生命经历和生命感受，作为教育的契机和资源，通过对话分享、反求诸己、反身而诚来获得人生的真理与智慧。

四、充满生命气息的教育

每种教育总会呈现出一定的形态和特征，如"斯巴达教育"严厉残酷，我国古代的私塾教育强调死记硬背。生命教育也是一种教育形态，它具有生命的特征与气息，它是快乐的，灵动的，开放的，温暖的，充满生命活力与味道的，而不是机械的，冷漠的，煎熬的，死气沉沉的。在这种教育形态中，教育的过程和方法充满生命的气息，涌动着生命的活力。在这种教育形态中，没有粗暴与糊弄，没有训斥与羞辱，童心得到守护，童年得到保卫，童趣得到张扬，童贞得到彰显。在这种教育形态中，师生在学校的每一段时光都荡漾着生命的情怀，在校园的每一个角落都充满人性的温暖：笑声朗朗，书声琅琅……每一个人都能够得到充分绽放，每一个人对未来都有着乐观的向往，在每一个人心中培植起对于教育无限信任的力量。

在我们看来，生命教育是优质教育、美好教育和理想教育的代名词。它标示着教育的方向，规定着教育的品质，照射着教育的主题、内容与方法。让我们一起来看看两千多年前孔子的一个教育故事：

有一天，阳光明媚，孔子和四个学生召开师门分享会。

这四个学生分别是：子路、冉有、公西华和曾点。

孔子先开口了，他说："今天，你们各自谈谈自己的人生理想吧。"

子路心急口快，抢先一步说："我嘛，想当一个中等国家的总理。"

冉有接着说："我的理想是在一个小国做个有实权的官员。"

年轻的公西华小声说："我只想当一个祭祀的主持人。"

曾点正在为师门分享会做音乐伴奏，他弹完最后一个音符说：

"我的理想啊，与你们都不同，我想在春暖花开的时候，穿着休闲服，和几个好朋友一起去野外吹吹风，一起在河流里洗个澡，然后唱着歌回家。"

孔子微微一笑说："我与你一起吧。"

这是《论语先进》里记载的一个故事。孔子是众所周知的大教育家，从这个教育片段我们可以看出：

孔子的教育不是为了考试

孔子的教育没有教材

孔子的教育是通过对话分享

孔子的教育还有音乐伴奏

……

你们觉得，这样的教育是不是很美好呢?其实，这就是生命教育。

第二节　新时代生命教育的价值取向

在生命教育的实践过程中，会呈现出各种不同的取向，有的重视安全教育，有的重视心灵教育，有的重视生命伦理、有的重视生涯规划。我们倡导的生命教育倾向于幸福教育、公民教育和教师教育。

一、幸福教育取向的生命教育

生命教育固然要关注人的安全、人的健康、人的品德、人的成功、人的死亡，但最重要的是要关注人的幸福。为什么呢?首先，"人是目的"。这是思想家康德提出来的，这里的"人"是指现实的、具体的个人，它意味着每一个人的自由、解放、发展和幸福本身就有着无须证明的价值。今天，我们倡导"以人为本"，倡导"人民的美好生活"，这标志着社会的进步。"以人为本""人民的美好生活"最深刻的含义就是"人是目的"。其次，在一个社会中，如果有更多的人能够感受到生活的幸福，这个社会将会变得更为安全，更为和谐，更为融洽，更有前途和更有活力。经验告诉我们，一个能感到生活幸福的人一定会更多地珍惜生活，善待自我，友爱他人和奉献社会。相反，一个感受到生活不幸的人，就可能心灰意冷，自暴自弃，严重的还会仇视他人，敌视社会，成为社会的潜在威胁。再次，虽然现代社会的成年人与青少年存在疾病、欺凌、吸毒、自杀等严重的生命问题，但相比于此，人们生活得不快乐、不幸福则更常见，更需要引起关注和重视。生命教育最重要的是让每一个人发自内心地感到活着的美好。人间的美好，成长的美好，帮助学生学会幸福生活是教育者最根本的价值追求。因此，相比安全教育取向的生命教育、死亡教育价值取向的生命教育，我们更愿意倡导幸福教育的生命教育。

二、公民教育取向的生命教育

人要生活得幸福而有尊严，不仅与个人努力有关，也与社会文明程度密切相关。一个自由、民主、开放、多元、法治的国家与社会，才能确保更多的人不需要牺牲个人的生命尊严去获得生存、发展所需要的机会与资源，人的幸福才会有最切实的保障。我们倡导公民教育取向的生命教育，主张用生命教育超越和提升道德教育，培养更多好公民参与现代文明社会的建设。好公民认同"富强、民主、文明、和谐、自由、平等、公正、法治、爱国、敬业、诚信、友善"。"富强、民主、文明、和谐"是社会主义核心价值观。好公民会自觉地捍卫宪法与法律的尊严；好公民具有权利意识、公共意识、参与意识和责任意识，有对公共事务和公共事件理性地，负责任地表达自己意见的勇气与习惯，是实现中国梦最重要的力量。

三、教师教育取向的生命教育

生命教育是以生命影响生命，以生命启迪生命的教育。如果教师本身的生命状态不好，生活质量不高，师生之间的相互温暖、彼此成全就很难发生。我们倡导的生命教育，不仅要服务于学生的生命成长，也关照教师美好生活的建设。教师首先是一个生活者，其次才是一名教师。一位生活得很糟糕的教师，很难成为好教师。评价个人的生活有两个尺度：一个是社会伦理道德的尺度，即所谓"善与不善"；另一个是个人自我的评价尺度，即所谓"好与不好"。这两个尺度并不总是一致的。符合社会伦理道德的生活，个体自我的内心体验可能并不美好，如传统社会中的"节妇""烈女"。自我感觉"好"的生活，也可能是"不善"的，是有悖社会道德的生活，甚至可能是充满罪恶感的生活。我们在强调教师道德的同时，也不能忽略教师个人的美好生活，包括：有稳定深刻的兴趣爱好，充满信任的亲密关系，丰富多彩的人生成就等。能感受生活美好的教师，拥有人生成就和幸福人生的教师，才更有可能带给人温暖、信心与教养。相反，如果教师生活不幸，他们带给学生的很可能是羞辱、贬损、压抑、焦虑与沮丧。所以，我们倡导教师教育取向的生命教育，重视教师的生命成长，为教师的美好生活添彩，鼓励教师展现热情的、友善的、礼貌的、自信的、谦和的、体恤的生命姿态。

第三节 在中小学开展生命教育的现实意义

"生命教育"起初是作为社会中的吸毒、自杀、他杀、性危机等危害生命现象的对策而出现的。教育者期待通过生命教育唤起人们对生命的热爱，消解对生命的威胁。作为一种新的教育理念与实践，它具有多方面的意义与价值。

一、生命教育有利于提升生命的品质

每个人的生命都只有一次，提升生命品质具有无须证明的价值。尤其是青少年，他们是社会主义事业的建设者和接班人，他们的生命品质决定着国家和民族的前途与命运。提升生命品质的一个重要途径是接受优质教育。生命教育就是优质教育的代名词，它倡导"生命至上"的价值观，它把"为学生的幸福人生奠基、为教师的美好生活添彩"作为根本宗旨，它强调把营造幸福人生所需的知识、技能、情感态度价值观系统化、课程化，它关注人的生命需要

和生命问题。一个受过生命教育的人，会对生命有更丰富、细腻、系统和深入的认识，会有更强烈的与他人建立亲密的、富有建设性关系的意识与能力，会有更明确的人生目标与实现目标的动力、热情与策略，会对建设一个自由、公正、法治的好社会有更多的期待、使命与担当。因此，他们的生命品质会更高。

二、生命教育有利于提升教育的品质

生命教育是一个有着明确的价值追求而又包括多重主题的教育实践领域。它关注人的自由、解放、发展和幸福本身，它要求教师从关注"知识""能力"向关注"生命""人格"转变，从"传授""训练"向"陶冶""孕育"转变，它要求学校从校园文化建设、课程开发与实施、课堂教学改革、评价标准的制定等多方面都能深切地关注学生的生命需要与生命成长，充满生命的情怀。它重视人性化的学习过程，这必将促使教育和教师发生转变，从而使教育的品质得以提升。

三、生命教育有利于提升社会的品质

公民教育取向的生命教育既强调为幸福人生奠基，也强调为文明社会培养公民。一个能感到生活幸福的公民一定会更多地珍惜生活，善待自我，友爱他人和奉献社会。在一个社会中，如果有更多的人能够感受到生活的幸福，这个社会将会变得更为安全，更为和谐，更为融洽，更有前途和更有活力。而且，好公民会认同自由、平等、公正、法治等社会主义核心价值观，会自觉地捍卫宪法与法律的尊严，会对公共事务和公共事件理性地，负责任地表达自己的

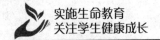
意见并做出贡献，从而有利于建设一个自由、民主、开放、多元、法治的国家与社会，增强一个日益多样化的社会的凝聚力，提升整个社会的品质。

在生命教育理念的引领下，我们敬重生命，珍爱生命，成就生命，追求生命价值，处理好生活与生命的关系，提升生命素养。我们的校园洋溢着生命的温情与关怀，我们的教师有使命感地工作着，我们的学生绽放着生命的光彩。

第 二 章
生命教育的基本理念与
价值观的形成

第二章 生命教育的基本理念与价值观的形成

生命教育之所以在广大中小学生的成长中显得这么重要，并受到广大家长和社会各界人士的广泛关注，是因为生命教育的理念符合人的发展和成长规律。这是我们生命教育的重要追求。我们每一个人，作为生命教育的探索者，要有一种美好的生命姿态：让自己始终置身于进步的状态中，让生命影响生命，让生命灿烂生命，让我们的努力自觉地融入社会文明进步的伟大事业中。

第一节 生命教育的基本理念

生命教育是符合人的生活与成长规律的教育，是中小学素质教育的重要内容，是坚持以人为本、关注学生幸福成长的教育。它标示着教育的方向，规定着教育的品质，是培育中国学生核心素养总体发展的主题教育。

每个人都有自然生命、社会生命和精神生命。生命存在的意义可以这样表述：父母给的身体是人的自然生命，人在一切社会活动中形成的社会关系的总和是人的社会生命，人在成长与工作中形成的世界观、价值观和思想理念是人的精神生命。三者合而为一，使人成为完整的人。

人的差异不仅体现在自然生命方面，如身高、体重、指纹、血型、容颜，更体现在社会生命和精神生命方面，如人际关系、生活圈子、情感态度、思想境界和精神气质。有句话说："人与人的差别比人与熊猫的差别还要大。"这句话中的差别更多是指向人的社会生命与精神生命。

人有自然生命的问题，比如我们每个人都要面对"生老病死"，人的社会生命和精神生命也是问题多多，危机重重。我们可能都会遭遇被排斥、被孤立、被压迫、被奴役，我们也必然会沮丧、忧郁、愤怒、愚痴、失落，还有挥之不散的孤独。相较于关注身体的"生老病死"，我们对社会生命与精神生命"生老病死"的关注还不够。

人的成长同样包括自然生命、社会生命和精神生命的全面成长。任何单向度的成长，都会导致人的片面与残缺。只重视自然生命，可能导致"四肢发达，头脑简单"；只重视精神生命，可能使人"肩不能挑，手不能提"；只重视社会生命，我们的周围会遍布各种掮客和两面三刀的人。

从人是自然生命、社会生命、精神生命的统一体来说，人遭受的暴力可分为身体暴力、关系暴力和语言暴力。身体暴力主要表现为对人的抽打、攻击和摧残。关系暴力主要表现为对人的冷落、排斥、孤立和边缘化。语言暴力主要表现为对人的指责、嘲讽、贬低和命令。这三类暴力都会给人造成糟糕的、屈辱的和痛苦的生命体

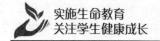

验，长期处于暴力中的人是不幸的，他们累积的负面能量足以毁灭自己，也足以毁灭他人。

人的快乐和幸福莫过于见证和感受身体的茁壮、关系的丰富和精神的充盈，而人最大的痛苦则是病痛的身体、无爱的关系和空虚的心灵。一个人拥有健康的身体、美好的容颜、聪慧的头脑和和谐的关系，不仅会更快乐，更有幸福感，也会更有魅力和吸引力，相反，其生命就会失去光泽。

作为教师，我们不仅要发展人的自然生命，也要发展人的社会生命和精神生命。在学校教育中，体育主要发展的是人的自然生命，它的侧重点在于使人拥有健康的体魄；智育主要发展的是人的精神生命，它的侧重点在于使人拥有智慧的头脑；而德育主要发展的是人的社会生命，它使我们懂得更好地维系和协调人与他者的关系。

作为学生，不仅要学会生存，即保全和延续自然生命；也要学会生活，即丰富和发展社会生命；还要学会生长，即滋养和光大精神生命。"野蛮其体魄、文明其精神"，再加上"丰富其关系"，我们才能成为更完整的人。

培养完整的人，是生命教育的首要理念。

第二节　生命教育的宗旨是为幸福人生奠基

幸福是人生的最高价值。感受幸福的能力源于内心的力量，生命教育要着力帮助学生聚集这种力量，为学生的幸福人生和终身发展奠定基础。

首先，生命教育应该在学生的内心世界中打下一个亮丽的底色，让学生感受到生活的美好，人性的美好；让学生学会过精神生活，重视精神的价值，眷注内心，使学校生活成为整个人生美好回忆的巨大的宝库，以便让学生形成快乐、开朗、积极、乐观的人生态度。快乐是心灵的阳光。一个不快乐的人，就有可能内心变得阴暗，就可能对人不信任，甚至充满敌意，就有可能成为害群之马，甚至是穷凶极恶之徒。

其次，生命教育应该发展学生终身学习的愿望、兴趣和能力。学生终身学习愿望、兴趣和能力的培养和发展是比他们学到了什么更有意义。学习过程是不是能够让学生感受到智力劳动的快乐，是不是有一个精神充实的过程，是不是能经历精神的历险和理智的挑战，决定着我们的教育能不能发展出学生终身学习的愿望、兴趣和能力。《学记》中说："善歌者，使人继其声；善教者，使人继其志。""知之者不如好之者，好之者不如乐之者。"只有当教师有不断学习的愿望和兴趣，才可能为学生打下终身学习的基础。

再次，生命教育还应该包括发展学生独立并有尊严地面对世界的品质和能力。这就需要学会质疑与独立思考——不轻信、不盲从、不唯书，不唯上，一切都放在理性的天平上来考量。这就需要学会有效地自我表达一能够充分地，体面地表达自我，包括口头语言、书面语言、形体语言，也包括我们的待人接物、穿着打扮，甚至一切的创造性活动都是一种自我表达。这就需要学会收集和处理信息——当你做出选择和决定时，你知道从什么地方可以获得可靠的、足够的信息。作为文明社会合格的公民，必须具有自主判断、自主选择、自主承担的能力。这些能力的发展是造就独立的而不是依附于人的，有尊严而不是自轻自贱的人的重要方面。

第四，为学生幸福人生奠定的基础还应该包括人类千百年来积累的基本经验和核心价值。教育是一种价值引导的工作，没有明确的、代表人类文明进步方向的价值追求，就谈不上真正意义上的教育。这一点，将教育区别于单纯的规训。特别值得指出的是，强调夯实学生的知识基础仍然是必要的。只是学生学习基础知识、基本技能的过程应该成为完整的人的全副心身高度投入并充满主动性、创造性和深层次情感体验的过程，将发展学生的学习策略和思考策略作为教学的目标追求。

生命教育要带给学生希望、力量，带给学生内心的光明、人格的挺拔与伟岸，带给学生对于自我、对于生活、对于未来和对于整个人类的自信，以便使每一个学生都能够成为幸福人生的创造者。

第三节 培养重视生命的情感和态度，
形成正确的人生观、价值观

新课程倡导课堂教学要实现三维目标：知识与技能，过程与方法，情感、态度与价值观。虽然这三维目标是一个整体，很难割裂开来，但不同类型课程的教学目标应该是有不同侧重点的。作为人文类课程的生命教育，在学生心中培植关爱生命、尊重生命、欣赏生命、感恩生命、敬畏生命、成全生命等美好的情感态度价值观，培养性格可爱的人，是生命教育的首要任务。

对于生命本身而言，知识与技能、过程与方法很重要，但最重要的还是情感、态度与价值观。生命困顿与生命问题的本质是情感、态度与价值观的困顿与问题。如果说一个人的知识与思维缺陷只是一般的感冒发烧，情感、态度与价值观的缺陷就是严重的器质性病变，它几乎是一切不幸的根源。情感、态度与价值观的固化就是一个人的性格，性格决定一个人的走向和命运。性格可爱的人，在思想上不会自以为是、固执己见，在言语上不会强词夺理、咄咄逼人，在行为上不会横行霸道、赶尽杀绝。他懂得感恩，懂得珍惜，懂得尊重，懂得欣赏，懂得体谅，懂得退让，懂得忏悔，懂得宽恕，懂得分享，懂得奉献，是一个让人感到温暖而且舒服的人。相比于知识与技能的习得，情感态度价值观的形成要缓慢得多。我们经常会沮丧地发现，要想让一个霸道的人变得温柔，一个冷漠的人变得热情，一个消极的人变得喜乐，一个扭曲的人变得正常，短期内几乎是不可能的。这一方面的原因在于情感态度价值观的形成本身是一个长期而复杂的过程，另一方面的原因则是教育对情感态度价值观的形成规律和策略关注研究得太少。大多数教师都知道认知领域的目标可以分成识记、领会、应用、分析、综合、评价六个层次，并能总结出一套相关训练方法，但情感态度价值观领域的目标层次和训练方法我们却知之甚少。

我们经常可以听到"行为习惯养成教育""思维习惯养成教育"，却很少听到"情感态度习惯养成教育"，其实，遇到事情总是往坏处想，总是陷入"羡慕嫉妒恨"，对人总是冷漠无情，对事总是无精打采，也会形成习惯，教育只关注思维习惯、行为习惯，而疏忽人的情感态度价值观是远远不够的，甚至是舍本逐末的。生命，因为脆弱，所以珍爱；因为美好，所以欣赏；因为独特，所以平等；因为精神，所以高贵；因为神圣，所以敬畏；"因为懂得，所以慈悲"。生命教育要注重美好的情感态度价值观的形成，特别是要重视生命情怀的培育。何谓"生命情怀"？主要包括悲天悯人的情怀，即讲孟子恻隐之心、羞恶之心、辞让之心、是非之心，包括张载讲的"民胞物与"的情怀，包括王阳明在离世时所说的"此心光明，亦复何言"那种生命的豪迈感，包括弘一法师在圆寂前"悲欣交集"的人生感怀，还包括对于无限与永恒的向往，对超越个人以及个人所属的小团体的私利的公共事务及所应该依存的公平与正义的关注，更包括"爱美之心，人皆有之"。在学生的心中培育生命情怀，让他们远离暴力、敌意、悲观厌世、自暴自弃、粗鄙无礼，甚至唯利是图等都大有裨益。

爱因斯坦说过一句话："如果想让孩子聪明，就给他讲故事；如果想让孩子有智慧，就讲更多的故事。"这句话表明，故事具有极大的教育价值，富有直抵人心的教育力量。这主要有两个原因：一是每个人都是一座故事宝库，这座宝库中几乎涵括了生命中所有的学问，每个人都可以从这座宝库中发现生命的奥秘；二是每个人都喜欢听故事，故事既有猎奇情节，也能让人感同身受，进入一种奇妙的情境。因此，中外神话故事、寓言故事、童话故事等，都历久弥香，带给一代又一代人生命的启迪与感动。

人为什么喜欢听故事呢?至少有如下四个方面的原因。第一，人是万物之灵，每一个人都有与生俱来的探索的需要。因为故事有情节，好的故事有引人入胜的情节，能够满足人们强烈的好奇心和体验探索的乐趣。第二，故事是形象的，而形象相对于抽象，形象总是更能够唤起我们内心的审美愉悦。所有的艺术都是刻画形象的。由于故事中"真实"人物、场景和情节，能够在大脑中生成鲜活的、生动的画像，有一种真实感和亲切感。第三，故事中人物的命运，情节的发展能满足情感的需要，让听众有宣泄爱恨情仇的机会，有感同身受、同情共感的机会。故事的起伏跌宕，故事中引人入胜的悬念，牵引着人们在不知不觉中实现着一种精神漫游。第四，故事有广阔的阐释的空间，这个广阔的阐释空间能使我们的心灵自由地飞翔，使心灵获得一种解放感。也就是说，故事能够给我们一个自由的、移情性的理解空间，我们能够在对故事文本的自由解读中放飞我们的心灵，从而获得一种内心的闲适和安宁。正如《故事就是故事》里唱的："故事里有多少是是非非，故事里有多少非非是是。故事里的事说是就是，不是也是。故事里的事说不是，就不是，是也不是。"

从故事中学习，其实也就是从生命中学习，这是生命教育的基本理念。所以，教师要善于讲故事。讲故事比讲道理难多了。"理论是灰色的，而生命之树常青"，生命的道理是单调的，而生命的故事五彩斑斓。讲故事需要想象力，需要在真实与虚拟的各种事物之间建立巧妙的连接。讲故事需要耐心，需要暂时搁置自以为是的分析和建议。讲故事需要趣味，需要身心投入地渲染氛围铺垫情节。因此，一个更有智慧、更有真情、更有趣味的人才更有可能讲好故事。

编织生命故事的两根丝线是记忆与想象，而这两根丝线的主要原材料是我们的经验，没有经历与体验，就不会有什么记忆，想象也不可能凭空而生。因此，如果我们缺乏可以言说的故事，那是因为缺乏记忆与想象。我们缺乏记忆与想象，那是因为我们缺乏经历与体验。"读万卷书、行万里路、识万种人"都是丰富经历与体验的具体途径，经历与体验多了，我们讲故事就有了"源头活水"，就能信手拈来。

作为教师，我们如何"教"学生呢?一言以蔽之，言传身教。讲故事无疑是最好的言传。在故事的讲述中，你会领悟到诸多的表达的艺术。讲故事能改造人们的精神结构，使人变得不那么独断、专横，使人们的内心世界变得舒缓、从容和富有想象力。生命教育教师更应该储备故事，当你班上的学生犯错时，给他们讲故事，然后和学生一道分享故事带来的启示。这样做的效果将远比生硬的说教和粗暴的训斥要好得多。

对话是人存在的一种方式，我们通过对话建立关系，促进交流，深化认知，消除误会，达成共识。可以说，没有对话，就没有教育。

对话的突出价值在于，参与对话的人可以从"别人的认识"中"重新认识""自己的认识"，从而形成"新的认识"。没有对话，就没有"别人的认识"，没有"别人的认识"对"自己的认识"的挑战和激发，就没有对"自己的认识"的"重新认识"，"自己的认识"处于孤立的、静止的、一成不变的状态中，就无法产生"新的认识"。没有"新的认识"，就没有成长。可以说，对话是成长的必要条件。闭目塞听，固执己见就是拒绝成长。

卢梭在《爱弥儿》中提到这样一个事例：有位老师给学生讲亚历山大的一桩逸事。亚历山大接到一封信，信上说他最亲近的医生菲利普已经被敌人买通，要用毒药害他。他把信拿给菲利普看，而且同时就把菲利普给他的药一口吞下去了。老师问学生怎样评价亚历山大的行为，学生都说亚历山大很勇敢，老师觉得很满意。但卢梭怀疑孩子并没有真正理解亚历山大的勇敢是什么，于是他便和其中一个孩子谈话。果然，这个孩子理解的亚历山大的勇敢是"竟然毫不犹豫地把那难吃的药一口就吞下去了", 而这个孩子自己吃药是要抱很大勇气, 费很大力气的。可见, 孩子对这件事的理解是基于自己的经验, 他没有联想到事件背后的"忠诚""信任"这些概念。成人想当然地认为孩子理解了亚历山大勇敢的意义, 这实际上是对孩子的不理解。

由此可见, 只有不断对话, 深入对话, 才能促进心灵的交流和彼此的理解。孔子、苏格拉底等古圣先哲都十分重视对话的价值, 并以对话的形式启发教育学生。《论语》中记载的很多都是孔子与学生的对话。

但是, 很多人都害怕对话, 为什么呢?主要有三个原因。一是害怕失控, 人都喜欢把控局面, 喜欢安全和稳定, 而对话却存在太多的未知和不确定性, 很难预设和控制; 二是害怕冲突。由于生命的丰富性和人认知的内容、方式及价值观的多元化, 对话中发生争执甚至演变为激烈的冲突是常见的。三是害怕暴露。对话一定会暴露自己的所思所想, 暴露自己的偏见与惯习, 甚至暴露自己的愚蠢和无知, 这是难以避免的, 而很多人却害怕因暴露而受到嘲笑和伤害。害怕被嘲笑和伤害, 是人害怕对话的根本原因。

是的, 对话可能会暴露自我的局限、不足和无知, 正如打开一扇房门, 别人会窥见房内的混乱、贫乏和垃圾; 对话的风险还在于开放和付出自我可能会无人理睬, 遭人拒绝, 正如打开一扇门, 别人却视而不见, 避而远之。这都可能造成伤害。但是, 唯有开放和付出自我, 才有希望、惊喜和丰盛。为了生命的丰盛而对话的风险是值得的。教师与学生勇敢而真诚地对话，不仅可以发展各自的认知，建立良好的师生关系，而且可以培育自由、民主、平等的性格，进而改造我们的传统文化。

第四节　以生命影响生命，给学生创造体验美好生命的机会

生命教育是以生命影响生命，以生命启迪生命，以生命激励生命的教育，如果教师本身的生命状态不好，师生之间的相互激励、彼此促进就很难发生。

教育要产生直抵人心的力量关键在于教育者本身是有力量的人。生命的力量多种多样，我认为，每个人都拥有四种类型的力量：一是身体的力量，它的象征物是财富；二是人际的力量，它的象征物是权力；三是思想的力量，它的象征物是学问；四是心灵的力量，它的象征物是"神"。这四种力量孰大孰小，古往今来都没有定论，而力图获得这些力量的人，也总是前仆后继，川流不息。只是，不管一个人有多大的力量，他都得面对自己的心灵，他都希望获得内心的安宁，也唯有心……并把它们当作信仰。因此，每个卑微和渺小的人也都有可能成为"神"，以心灵的力量，让生命发出最亮的光！作为学生精神生命的重要引导者和涵养者，教师要以充沛的思想力量和心灵力量启迪和鼓舞学生，使学生也不断汲取生命的力量，成为强健的个体。

美国心理学家海姆·吉诺特曾经说过一段话："我总结出一个可怕的结论，我在课堂上起决定性的作用……我可以是一个实施惩罚的刑具，也可以是给予鼓励的益友。我可以伤害一个心灵，也可以治愈一个灵魂。学生心理危机的增加或减缓，孩子长大后是仁慈还是残忍，都是我的言行所致。"这就是生命影响生命的力量。与其说是教师的言行所致，不如说是教师的生命状态所致。一个优秀的生命教育工作者一定是一个和颜悦色的人，一个精神明亮的人，一个生命散发着芬芳的人，他在潜移默化中给予学生力量，滋养学生生命的成长，成为学生生命中的贵人。

南北朝时期的陶弘景被誉为"山中宰相"，他写过一首很好的诗："山中何所有，岭上多白云。只可自怡悦，不堪持赠君。"诗中的"白云"意象丰富，在我看来，不仅天上的白云不可持赠君，任何个体的生命体验都是"朵朵白云"，都不可持赠君。不论是"心花怒放"，还是"痛彻心扉"；不论是"切肤之感"，还是"刻骨铭心"，都是个体身体参与的印记，没有身体的参与，就无法获得那些"冷暖自知"的感受。

"世事洞明皆学问，人情练达即文章"，拥有丰富的生命体验，就是人生最宝贵的财富。教师可以替学生解一道题，却不能替学生想。教师可以替学生约一个人，却不能替学生爱。教师可以替学生去一个地方，却不能替学生感受和领略那里的美。生命的一个重要特征是一个生命可以替另一个生命去完成某项任务和工作，却永远不能替另一个生命去体验那项任务和工作。生命的有趣和无奈就在于每个人最基本的精神体验活动教得靠自己完成，任何人都没法包办代替。

由此可见，美好的生命体验对一个人是多么重要，一个人对生命产生无限的眷恋与柔情，一定是有丰富而美好的生命体验。因此，给学生创造获得美好生命体验的机会是非常重要的。教学过程重要的不是教师讲了什么，而是在师生各自的心中留下了什么。一个真正的生命教育工作者会想尽一切办法让学生获得丰富、深刻和醇美的生命体验。

第五节　在生命教育中优化生命关系，提高生命教育质量

人从出生开始，就置身于各种关系中。首先在亲子关系中成长，而后是同伴关系、师生关系，接着是同事关系、婚姻关系，然后是新的亲子关系……可以说，关系贯穿生命的始终，能与世界主动建构关系，是一个人活着的证明。"在那路的尽头，人们将问我，你活过吗?你爱过吗?而我，无须多言，只敞开那写满了名字的胸膛。"这首小诗里那"写满了名字的胸膛"，便是人与世界建构过的关系的存档。人的关系概括说来有四种：一是人与自我的关系，二是人与他人的关系，三是人与社会的关系，四是人与自然的关系。儒家说："修身、齐家、治国、平天下。"我对此的理解是：修身是要处理好与自我的关系；齐家是要处理好与他人的关系；治国是要处理好与社会的关系，治国并不是一定要统治一个国

家，而是共同参与建设好社会，使自己的国家变得更好，这应该是每个公民的责任；平天下则是要处理好与自然（世界、宇宙）的关系。生命中的许多问题都是这四种关系出现了问题。疲劳、疾病、抑郁是人与自我的关系出现了问题，冷漠、暴力、冲突是人与他人的关系出现了问题，群体性事件是人与社会的关系出现了问题，雾霾、水污染、地质灾害则反映了人与自然的关系出现了问题。

人是关系的存在，从这个意义上说，一个人的关系越丰富，他的生命会越丰富；一个人的关系越和谐，他的生命会越和谐，一个人的关系越优良，他的生命会越优良。生命关系对一个人的身体健康、情感生活、认知发展、事业成功和人生幸福都具有至关重要的作用。我们经常可以在生活中发现没有读过书的智慧老人，也可以经常看到高分低能的孩子，这是因为真正的智慧产生在审视和改善关系中，或者说，真正的智慧就是审视和改善关系本身。心理学家塞利格曼说："幸福的人有很好的人际关系。人际关系与幸福的相辅相成：人际关系好的人更幸福，而幸福的人有更好的人际关系。"所以，我们优化了生命关系，也就优化了生命质量。生命教育十分重视良好师生关系的建立。师生关系对学生的学业进步，尤其是人格形成有极其重要的影响力，进而影响学生的生命质量。整体上的师生关系好不好，主要由教师的行止与个性决定。

第 三 章
实施生命教育的主要路径选择

第三章 实施生命教育的主要路径选择

2016年9月，教育部关于《中国学生发展核心素养》的总体框架发布，中国学生发展核心素养，以科学性、时代性和民族性为基本原则，把学会学习、健康生活作为自主发展目标，培养全面发展的人。坚持自主发展，就是坚持以人为本，在学校就是坚持以学生为主体。自主性是人作为主体的根本属性，在成长发展中应认识和发现自我价值，发掘自身潜力，成就五彩人生。而要实现人的价值，就要关注人的生命成长。健康成长，就是要使学生在生命成长中正确认识自我，发展身心，规划人生等方面的综合表现，其核心内容包括珍爱生命、健全人格、加强自我管理、珍惜生命的价值意义。

生命教育如此重要，那么在培育学生核心素养中怎样开展生命教育呢？

在学校教育教学的改革发展中除了专门的生命教育课程，学校还可以通过学科教学、专题教育、主题班会、教育戏剧、课外活动、影视欣赏、经典阅读等多种途径实施生命教育，将"生命教育"的理念落实到教育的每一个过程和每一个细节之中。

第一节 实施学科教学与生命教育的有效结合

以生命教育的眼光发掘学科中生命教育的精神元素，并使课堂充满生命的情怀与律动，打造生命课堂，是生命教育在学校中落实的重要途径。

一、道德与法治课程教学中进行生命教育

道德与法治课程因其学科特性，包含了丰富的生命教育内容，是生命教育的主阵地。

新的课程标准提出要认识个体生命的独特性，体会生命的可贵，实现生命的价值和人生的意义。所以教师在教学中，既要重视生命教育内容的教学，也要把法治教育的有关内容融入生命教育中。教师要引导学生认识到生命只有一次，要珍惜生命、守护生命，找寻生命的价值。新的部编版《道德与法治》教材的编写突出了生命教育的主题，增加了生命教育的内容。由此说明社会对生命教育的关注，对学生生命意识和生命观培养的重视。

生命教育包含三重属性：自然生命、社会生命、精神生命。自然生命主要包括身体的生理结构，反映的是生命的自然存在；社会生命是指个体与人、自然、社会形成的交互关系；精神生命反映的是生命的意识和价值追求。

自然生命主要关注的是生命的生理方面，生命教育离不开对个体肉体生命的重视。《道德与法治》教材中，提出学生可以从各个

方面认识自己。其中包括自己的生理特征方面，主要涉及的是人体生理结构教育，要帮助学生认识自己的身体构造。教师应引导学生关心自己身体状况，养成健康的生活方式。学生正处在生命成长的重要时期，不能不珍视自己的肉体生命。重视个体自然生命是生命教育的基础，只有先守护好自己的身体，才能促进心智、情感等各方面的发展。

社会生命更关注处理社会关系，我们要引导学生在爱护自然生命的同时也要正确处理好社会生命。在《道德与法治》教科书中，包括了正确处理个体与朋友、老师、家长及其他长辈间的人际交往。学生在学会正确处理与人的关系后进而推及到自然、社会、国家。

精神生命要关注学生不断丰富自己的头脑、充盈精神世界、敢于追求梦想、探求生命存在的价值和意义。道德与法治教学内容"珍惜生命"，介绍了爱护生命不单单要关注个体的自然生命，爱护身体，还要关注学生的精神。在遇到挫折和困难时，要勇于挑战，坚定信念。教师要引导学生思考生命存在的意义，自己的人生应如何度过，最终实现人生的价值。

从古至今，生命教育和安全教育所培养的其实是人的生存能力。马斯洛在其需求理论中，将"生理需求"（生存需求）放在第一层，"安全需求"放在第二层，这也恰好能解释为什么我们有强烈的求生之望，安康之愿。"甘心于履危，未必逢祸；纵意于处安，不必全福。"于是才要居安思危，有备无患。

近年来，随着经济、社会的发展，因自身、家庭、社会等各方面压力不断增加，加之青少年对"生命"缺乏基本的思考、了解、认识、判断，因此自杀、校园暴力、意外伤害、上网成瘾、厌学逃学、心理障碍、人格变异等现象触目惊心，一组组可怕的数据和一个个可怕的意外令人不寒而栗。所见者少，则易轻慢；所历者寡，则易虚浮。故祸不及身，不知其害。这才需要家庭、学校、社会以各种方式强化生命教育，帮助孩子们认识生命的意义价值，学会热爱生命、保护生命、珍惜生命，进而更好地尊重生命，让他们懂得并坚信生命本身的存在就是珍贵的价值。

2020年，经历新冠疫情，2021又遇洪水泛滥，我们最能感受安危系于一身，平安健康才是长久的道理。因为健康，才是存在的最大资本；因为平安，才是发展的最大潜力。

《道德与法治》课程标准对课程设计思路指出：以儿童的生活为基础，以三条主线和四个方面构成课程的基本框架。三条主线是：儿童与自我，儿童与社会，儿童与自然。四个方面是：健康、安全地生活，愉快、积极地生活，负责任、有爱心地生活，动手动脑、有创意地生活。三条主线和四个方面交织构成儿童生活的基本层面。健康、安全地生活是儿童生活的前提和基础，它旨在使儿童从小知道珍爱生命，养成良好的生活习惯，获得基本的健康意识和生活能力，初步了解环境与人的生存的关系，为其一生身心健康发展打下基础。愉快、积极地生活是儿童生活的主调，它旨在使儿童获得对社会、对生活的积极体验，初步懂得和谐的集体生活的重要性，发展主体意识，形成开朗、进取的个性品质，为其形成乐观向上的生活态度打下基础。负责任、有爱心地生活是儿童自身的道德需求，也是社会的要求。它旨在使儿童形成对集体和社会生活的正确态度，学会关心，学会爱，学会负责任，养成良好的品德和行为习惯，为其成为爱祖国、爱人民、爱劳动、爱科学、爱社会主义的公民打下基础。动手动脑、有创意地生活是儿童个性发展的内在需要，也是时代提出的要求。它旨在引导儿童学会学习，发展认识能力、动手能力和创造性，利用自己的知识和聪明才智去探究或解决问题，让生活更丰富更美好，并在此过程中充分地展现并提升自己的智慧，享受创造带来的欢乐。

小学《道德与法治》教材中包含很多生命教育的内容：

一年级上册一单元第四课《平安回家》，三单元《我会好好地吃》；下册一单元《家人的爱》《我为家人添欢乐》《我和小伙伴》，三单元的《小心，别伤着》《夏天，我们注意什么》。

二年级上册第三单元《我也棒》《做个"快乐鸟"》

三年级上册第三单元《安全护我成长》中第七课《生命最宝贵》，第八课《安全记心中》，第九课《心中的"110"》。

四年级上册第一单元《珍爱生命》，有《美丽的生命》《我们的生命》《呵护我们的身体》。

五年级上册《面对成长中的新问题》，有《主动拒绝烟酒与毒品》。

六年级上册《法律保护我们健康成长》《我们受特殊保护》；下册《完善自我 健康成长》等等。

结合我从自身教学经验出发，浅谈在《道德与法治》教学中进行生命教育的教学思考与实践：

（一）提升师生认知

学校在教学中不断加强对学生进行生命教育，虽然耳提面命的教诲略显繁琐，苦口婆心的告诫久而久之容易懈怠。可现实世界：疫情突发，谁又能置身事外？炎热酷暑，溺水高发，可年年告诫，仍有芳华折损之痛；消防演练，虽已常态化，可孩子们是否真的熟悉每一项危险背后的补救措施？心理教育普及多年，可又有多少父母在方寸之间拿捏准确？生活唯一的确定性就是它的不确定，事故唯一的确定性就在于事发之后的不可逆转性。正因如此，前车之鉴，后事之师，势必是生活牢不可破的警示鸣钟。在多变的自然面前，在复杂的社会当中，教会孩子如何健康地生存，如何平安地生活，都是我们作为老师必备的要高于一切的生命教育内容。学业固然重要，但能培养处困厄而不惊，临危难而从容，见微知著，哲思明辨的现代人，也是育人之实，更是生存之势。自然灾害的确有其不可抗力，但人有凭借智慧与谨慎规避之能力；事故也有其不可挽救之事实，但人有借助经验与毅力面对之勇气。所以我们作为师者必须提高生命教育的认知，拓宽孩子的生命认知。

（二）设计趣味活动

在教学三年级上册三单元第七课《生命最宝贵》时，课堂通过出示教学图片，讨论成长话题，观看出生视频，分享危险经历的活动让孩子通过学习认识到：出生不易，成长不易，养育不易，成人

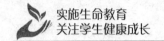
不易。体味生命的来之不易，初步领会保护生命父母不易，自己更是责无旁贷，树立"珍爱生命"的意识。

课堂上设计"我来当大肚子妈妈""盲人摸象""照顾生病的娃娃"等活动，让孩子在轻松有趣的游戏中体验母亲孕育的辛苦，了解父母陪伴照顾、呵护养育孩子的艰辛，感受身体如果有缺失的不便与不易。从而强化"珍爱生命，珍惜身体，珍重健康"的意识。通过设计丰富有趣有层次的活动让孩子积极中接受生命教育，无意中参与生命教育，快乐中启发生命教育。

（三）整合教学资源

我们生活在最好的时代，我们能得前人之不得，取前人之难取。阅读与学习与生命教育相关的理论与实践书籍，如《生命的奇迹》《我与地坛》《杀死一只知更鸟》等，互联网、网络技术和大数据还可以让我们开发和挖掘教材内容之外的生命教育资源，在网络平台搜集更多的生命教育案例或故事，运用多媒体播放相关的生命教育电影，引入社会中人们不注重生命安全的时事热点新闻等，然后根据视频内容提出相关问题，组织学生以小组为单位进行讨论，让学生在自学探究和合作探讨的过程中真正理解生命的含义，自己的生命是生命，别人的生命也是生命，动物的生命也是生命，艺术品也有生命……从而在意识中给孩子埋下热爱自然，保护公物，节约资源，遵守规则等生命教育的种子。

"生活即教育"，最暖心的生活是使生命平安健康，《道德与法治》课程是孩子生命教育与生活对话的超链接，它必须兼顾生活的温度和生命的价值。珍爱生命，尊重生命，才能以启生存之道，以通幸福之门！

二、语文教学中渗透生命教育

语文作为一门人文学科，其学科性质决定了其蕴涵着丰富的生命教育意蕴。作为母语，语文是民族文化的载体，记录着一个民族生命发展的历程，承载着延续民族文化精髓的使命。作为母语教育，语文伴随每一个人的生命成长，奠定了人的一生的灵魂的底子。与此同时，语文还是对日常平淡、无意识生活的一种抛弃和对诗意生活的发现和创造。语文的存在就是要从平淡的生活中发现美、创造美、体验美，就是让学生在真实的生活体验中向往生命的辉煌。因此，我们不可忽视语文学科拥有的文化、精神和生命成长价值。在语文学科教学中，教师要把生命教育作为教学改革的一种新视角，在语文教学的各个环节、方面渗透生命教育，既要突出其作为母语在延续民族文化、增强民族凝聚力方面的重要作用，又要关注个体的生命成长，注重记录个体生命的跃动，成就生命的个性发展。首先，教师应通过解读文本，使学生看到生命的美好和价值，使学生领悟生命的意义，树立正确的生命观。其次，教师应通过阅读教学，实现种生命与生命的平等对话。在对话中让学生体验、欣赏生命的美好和张力，引导学生认识"生"的可贵，从而"重生、乐生"。再次，语文教学可以帮助学生丰富文化的底蕴。文化的底蕴包括学识的积累，情操的陶冶，人格境界的提升等。

例如莫怀戚的《散步》、朱自清的《背影》体现了生命中浓浓

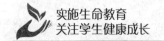
的亲情，体现了种美好的生命关系，读来感人至深，使人的灵魂得到净 化。在这样的文字浸染下，生命会获得一种心灵深处的力量，不会变得冷漠无情。

三、历史教学中渗透生命教育

每一阶段的历史都遗留了生命的足迹，闪耀着生命的光辉，体现着生命的创造，是活生生的生命的真实写照。我们应充分挖掘，灵活运用历史中的素材，将其有机地融入课堂教学中。

首先，教师可以利用典型历史人物的生命历程，让学生感悟生命的价值。历史教材中会涉及许多英雄人物、仁人志士，他们虽死犹生，为后人所敬仰、追忆，生命价值获得了充分的体现。教师可以借由他们的生命历程引发学生对生命价值的思考，让学生感悟生命的顽强。对其进行挫折教育， 使其拥有直面困难挫折的勇气；或激励学生塑造健全人格，树立崇高的价值观，以追求自身生命价值的实现。

南宋抗元英雄文天祥，面临高官厚禄的诱惑，面临生与死的抉择，不屈膝投降，留下了"人生自古谁无死，留取丹心照汗青"的千古名言，为后人所敬仰。清末一心变法图强却惨遭失败的谭嗣同，为了唤醒国人的蒙昧与自强意识，毅然选择牺牲，留下了"我自横刀向天笑，去留肝胆两昆仑"的绝唱。司马迁受极刑而修《史记》，留下"人固有一死，或重于泰山，或轻于鸿毛"的千古名句。

其次，教师可以通过典型的历史事件，使学生追随历史发展的脚步去探求人类历史的生命力量。在对历史事件的背景分析以及不同事件间的对比、分析中，使学生切身感受人类生命的历史进程和个体生命的力量与厚重。利用教材中无数次的战争、征伐与杀戮的史实，让学生体会生命的脆弱与死亡，从而更加热爱生命，珍惜生命。在理解和体会中，提高个体的生命感受力，使学生在未来去关注天下的万众民生和生命世界。再次，正如哲人所言"太阳底下没有新鲜的事"，历史中充满了与现实生活类似的案例，教师可以启发学生思考，借鉴历史人物面对和处理问题的方式，以史为镜，古为今用。

四、体育教学中渗透生命教育

体育已成为文明的人类生活中不可或缺的一部分，在影响和塑造现代人的精神与身体方面发挥着越来越大的作用。德国体育教学专家海克尔教授评价体育课的质量时提出了这样的标准：一是"出汗"，二是"笑"。在海克尔教授看来，出汗多少，是学生运动量大小的标志之一。而每当竞赛胜利或者某种愿望得到满足时，就会发出各种各样的"笑"来。适当的"笑"能使大脑皮层中的兴奋灶转换，消除精神紧张，加快疲劳的消除，提高机体的工作能力。而实际上，体育的价值远远不止于它具有促进身体发育、强健体魄和劳逸结合的功能，更深层次的价值在于培植、释放和提升人心灵深处潜存着的狂热与痴迷，以及以身体感知世界的能力，从而充分调动我们所有的感官投入生活，使心灵丰满和生活圆融。在体育课中，教师要让学生充分体会到体育中的游戏精神、竞争精神、超越精神，让学生在自觉遵从共同规范的前提下，最大可能地发挥个人的潜力，追求卓越和成功。此外，要让学生认识到真正杰出的运动员绝对不是"四肢发达，头脑简单"的人，而要形成竞争与合作、沉着与机智、同情与关爱诸多美好的品质。

五、地理教学中渗透生命教育

地球是我们共同的生存家园，我们与其他物种共同生活在这个星球上，但人类无限膨胀的欲望和永无休止的掠夺，已经导致许多物种濒临灭绝，导致地球千疮百孔，导致我们的生态环境极度恶化。我们也因此受到了严厉的报复。一次次血淋淋的事实给我们敲响了警钟，我们要自觉爱护环境，维护生态平衡，促进人与自然的和谐共存和可持续发展。如果等到像电影《流浪地球》中需要逃离地球的那种悲惨境地，则悔之晚矣。除了要有生态意识，我们也要有全球意识。英国诗人约翰·多恩说："没有谁是一座孤岛，在大海里独踞；每个人都像一块儿小小的泥土，连接成整个陆地。"我们都是人类中的员，任何一个人的损失；都可能是共同的损失，任何国家的不幸，也都可能是共同的不幸。因此，我们要有人类命运共同体的意识，要关注气候变化、环境与资源等全球性的问题。地理教学渗透生命教育主要是要让学生体会到任何生命都生活在一定的时空当中，生存空间、生存环境与生命的品质息息相关，要守护和改善生命赖以生存的家园。

附件：地理教学中渗透生命教育教学案例(见表)

生命家园

姓名		学科	地理	单位	
课题	生命家园			**课型**	生命教育展示课

设计意图

地理学科的"人地协调观"与可持续发展理论同生命教育的意义非常吻合，从这个角度选取必修3《荒漠化》一课，旨在将生命教育渗透在日常。生命教育不仅只是惠泽人类的教育，还应该让青少年明白让生命的其他物种和谐地同在一片蓝天下。生命教育不仅只是关心今日生命之享用，还应该关怀明日生命之发展。

教学目标

1. 知识与技能
①荒漠化形成的自然原因和人为原因
②荒漠化的危害和荒漠化治理的措施和问题
2. 过程与方法
通过对"中国迁都论"的感性认识以及"天漠"的演变现象，理解荒漠化的危害
通过对我国西北地区荒漠化案例的分析，归纳总结荒漠化的成因并提出治理措施
通过"人地协调观"与"可持续发展理论"渗透生命教育
3. 情感、态度与价值观
通过认识人类活动对整个地理环境的影响，树立正确的人生观、科学的环境观
通过案例分析，激发学生构建生命家园的欲望

教学重点

教学重点：荒漠化的成因、生命教育的渗透

教学难点：通过荒漠化内容的学习，让学生不仅关心今日生命之享用，还应该关怀明日生命之发展

教学策略与方法

讲授法、合作探究法、案例分析法

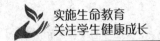
教学手段与教学用具
多媒体辅助教学
教学过程

教师活动及教学内容	学生活动	设计意图
一、新课导入 社会主义核心价值观	积极参与活动	引导学生对于美好自然的向往
二、新课讲授 1.荒漠化的危害 案例： ①中国迁都论； ②天漠，七十年代与现在对比 总结：荒漠化的危害 2.荒漠化的成因 活动一　根据学案所给材料，总结西北地区荒漠化成因？ 3.荒漠化的治理 活动二　结合土地荒漠化的成因，请你制定治理措施去构建我们美好的生命家园 辅助材料：治沙植物——工程治沙 总结：荒漠化的治理	思考并回答问题 案例分析 分小组讨论，交流与表达 分小组讨论 学以致用 知识总结	用荒漠化的危害震撼学生，触动学生心灵，引导学生思考生命在自然界中的位置 培养学生知识提取的能力，同时让学生领悟何种做法会使得自然环境受到破坏 培养学生的合作意识生命教育致力于人与自然的教育，地理教学不仅包容了自然界客观的生命元素，还蕴含着人类之间的生命体。通过这部分内容让学生了解"人地和谐"

活动三　观看视频 总结：荒漠化的定义 三、新课总结 荒漠化涉及我国多省，本着因地制宜的原则，我国积极地进行治理，昔日的黄沙漫浸，如今绿草茵茵；昔日的人烟稀少，而今已为旅游胜地 我国的治理已经取得了一些成效，为了后世子孙代代繁衍，世传有序，我们要重视对生命家园的建构。永爱吾土，相存相依	知识总结	将生命教育渗透在地理教学中，让学生明白应该让生命的其他物种和谐地同在一片蓝天下，学会关心今日生命之享用，也关怀明日生命之发展

(哈尔滨市第13中学滕越本案例在全国第八届生命教育创新高峰论坛获得特等奖。)

第二节 专题教育与生命教育

专题教育作为实施生命教育的重要途径，具有针对性强、内容明确、时代特征鲜明等特点。到目前为止，教育部就安全教育、健康教育、心理教育、环境教育、法制教育、文明礼仪教育、预防毒品与艾滋病教育、预防校园欺凌等多个专题教育下发过文件，对各专题的重要性、目标、内容、实施途径等提出了指导意见。这些专题中都包含了生命教育的元素。比如安全教育中提出的六个模块：预防和应对社会安全、公共卫生、意外伤害、网络信息安全、自然灾害、其他事故或事件。健康教育中提出的五个领域：健康行为与生活方式、疾病预防、心理健康、生长发育与青春期保健、安全应急与避险。上海市在进行生命教育的探索过程中，把专题教育当成实施生命教育的一种重要途径。《上海市中小学生命教育指导纲要(试行)》明确提出了在不同阶段学生中开展主题教育的具体教育目标。"小学阶段的专题教育，要符合小学生的身心特点，进行人与自然、人与家庭的启蒙教育，探究生命的可贵、生活的意义以及自我保护等内容。初中阶段的专题教育，要结合学生青春期的成长特点，探究生命伦理、生命的意义与价值等内容。培养健康的审美观念，正确对待成长过程中的困惑和压力，探讨关爱他人、保护自己的途径与方法等。高中阶段的专题教育，要适应高中学生世界观、人生观、价值观形成阶段的特点，整合相关学科的知识，探讨与生命有关的社会伦理、科学伦理、人生信仰等问题，规划人生目标。"同时，该纲要还明确提出："生命教育要充分利用青春期教育、心理教育、安全教育、健康教育、环境教育、禁毒和预防艾滋病教育、法制教育等专题教育形式，开展灵活、有效、多样的生命教育活动。要从学生的兴趣、经验、社会热点问题或历史问题出发，结合区城、学校和学生的特点，力求将相关内容整合起来，形成校本课程。倡导自主探究、实践体验、合作交流的学习方式。"

该纲要的附件2《专题教育中实施生命教育的内容与要求》更是针对生命教育的八大专题教育——健康教育、预防艾滋病教育、毒品预防教育、环境教育、心理健康教育、青春期教育、安全教育、法制教育分阶段提出了实施内容与要求、操作提示和实施建议。同时强调，"要在实践中不断探索专题教育的活动方式，丰富专题教育的内容"。这一纲要的提出，至今对全国各地开展生命教育具有很强的指导和借鉴作用。

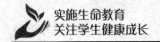
附件1:

教育部近年来颁发的与生命教育相关的专题教育文件

文件名称	颁发时间	生命教育领域
《中小学公共安全教育指导纲要》	2007年12月	自然生命
《中小学健康教育指导纲要》	2008年12月	
《中小学心理健康指导纲要(2012年修订)》	2012年12月	社会生命
《中小学法制教育指导纲要》	2007年7月	
《关于防治中小学生欺凌和暴力的指导意见》	2016年11月	
《中小学环境教育实施指南(试行)》	2003年10月	精神生命
《完善中华优秀传统文化教育指导纲要》	2014年3月	
《关于推进中小学生研学旅行的意见》	2016年12月	

附件2：

《当欺负来临时》——生命教育主题课堂教学设计

一、教学背景

近年来，校园欺凌问题频现公众视野。2017年5月，中国应急管理学会中小学校园安全专业委员会发布了《中国校园欺凌调查报告》。报告显示，中小学生受欺凌的发生率为25.80%。2017年，21世纪教育研究院发布的《教育蓝皮书》对北京市12所高中、初中和小学的学生欺凌现象展开调查。调研显示，46.20%的学生有被故意冲撞的经历，有6.10%的学生几乎每天都遭受身体欺凌；40.70%的学生有被叫难听绰号的经历，有11.60%的学生几乎每天都遭受语言欺凌；18.60%的学生有被同学联合起来孤立的经历，有2.70%的学生几乎每天都在经历这种关系欺凌。

校园欺凌事件通常具有长期性、危害性和隐蔽性等特点。受困于校园欺凌的学生常常不敢求助，不能有效应对欺凌以保护自己。长此以往，当欺凌事件曝光于公众视野时，往往学生早已独自承受了巨大身心伤害。站在学生身心健康发展的角度来讲，校园欺凌问题，防胜于治。

2016年11月，教育部等九部委联合印发《关于防治中小学生欺凌和暴力的指导意见》，要求加强教育预防、依法惩戒和综合治理，切实防治学生欺凌和暴力事件的发生。2017年11月，教育部等十一部门印发《加强中小学生欺凌综合治理方案》，方案要求全国各地有关部门将按照属地管理、分级负责的原则，对校园欺凌进行综合治理，结合本地区、本部门实际制定具体实施方案。2018年11月12日，广东省教育厅等13部门联合出台了《加强中小学生欺凌综合治理方案的实施办法(试行)》，对校园欺凌的分类、预防、治理等问题做出明确规定。

一系列实施办法的出台，对校园欺凌的治理工作有了更加明确清晰的指引，对欺凌者也会有一定程度的震慑。作为教育工作者，我们更希望欺凌不会发生，同时，我们更会关注欺凌发生前后对孩子心灵的守护。

综上所述，聚焦学生生命安全，关注学生心灵成长，本课确定选题为"当欺负来临时"。教师根据学生心理年龄特点，依据心理学原理展开教学设计。校园欺凌行为屡见不鲜，身处其中的学生因其角色不同，会有不同的行为和感受。在学校生活中，很多学生并不能采用合理的方式去应对欺负行为。本次课将从欺负者、被欺负者、旁观者这三个角度，展开体验活动，引导学生掌握当欺负来临时的合理应对方法。

角色理论认为，角色扮演有角色扮演(role playing)和扮演角色(playingtherole)两种，前者指个人在生活中实际扮演的角色，后者指暂时扮演某个特定的角色，如演戏。前者是真实的生活状态，后者是模拟的虚假的表演状态。学生在实际生活中可能没有实际扮演过欺负者、被欺负者或者旁观者，通过手偶扮演角色，让他暂时脱离原有生活角色，进入模拟的角色状态，原本被压抑或没有条件释放的心理预期角色在虚拟的时空中得到展现。由于现实中的欺负行为易激发当事人的负面情绪，本节课的体验活动将借助手偶演绎的形式，让学生代入手偶角色进行体验，一定程度上避免学生在课堂体验中陷入"被欺负"的负面情绪。

二、教学对象

小学五年级学生

三、教学目标

1.通过热身活动和手偶表演，帮助学生明确什么是校园欺负行为，能够辨别"欺负"和"玩耍"的区别。

2.通过手偶体验和小组讨论，使学生掌握当欺负来临时的合理应对方法。

3.通过守护天使活动，为学生建立更多社会支持系统，从长远角度为易受欺负学生提供支持。

四、教学重点

1.使学生通过活动体验、小组讨论学会合理应对欺负的方法。

2.帮助学生建立在课堂以外可以调用的同伴支持、情感支持。

五、教学难点

1.在活动中能够激发学生的真实情感，并避免学生受到二次伤害。

2.让学生在丰富有趣的活动中能够聚焦课堂主题，用心感受，投入讨论。

六、教学方法

活动法、手偶表演、讨论法、冥想赋能。

七、教学准备

多媒体课件、音乐、公仔服一套、手偶剧本、小组"智慧果""智慧树"、笔、守护宣言、翻页笔。

八、教学安排

一课时

九、教学过程

教学环节	教学内容	设计意图
热身活动	游戏：抢凳子 由一名助教老师着公仔服参与抢凳子游戏，该角色在抢凳子游戏中将表现一些"欺负"同学的行为 提问：抢凳子游戏中，你看到公仔角色做了什么？ 板书——当欺负来临时	1.通过参与游戏，激发学生的学习兴趣和积极性 2.游戏中引入公仔角色，设置特定任务，既能活跃课堂氛围，又能为下一教学环节做铺垫 3.为辨别欺负行为和玩耍的区别做铺垫
手偶剧场	1.观看手偶表演，明确欺负行为 观看手偶剧：学生观看带有"欺负行为"的手偶剧 提问： (1)你看到手偶剧中有哪些欺负行为？ (2)生活中还有哪些欺负行为？ 老师概括小学常见欺负行为类型：肢体欺凌、言语欺凌、社交欺凌、网络欺凌、财务欺凌等。 (3)这些欺负行为与抢凳子游戏中的行为有什么区别？ 2.老师概括欺负行为的特殊 板书关键词：长期、故意、感觉受伤 (1)欺负反复发生，不止一次 (2)欺负多数是指故意而为 (3)对他人造成了身心伤害	1.以手偶剧表演的形式代替真人情景表演，既能做到行为投身，有代入感，又能避免学生自身受到肢体攻击或过度陷入欺负的负面情绪体验中 2.通过手偶剧展示欺负行为示例 3.为下一环节全体同学的手偶表演与体验做出示范 4.引发学生思考，明晰学生生活中有哪些欺负行为 5.使学生了解欺负行为的三大特征，能够区分欺负行为与玩耍中的冲突

教学环节	教学内容	设计意图
手偶演我心	1.分小组进行偶剧续编表演 各小组成员随机抽取角色卡(欺负者、被欺负者、旁观者等),听角色录音,借助自己的手偶角色在小组内续演剧情,表演应对欺负行为的方法 2.分享汇总 每名同学将自己表演的方法汇总给小组长,在小组的"智慧果"上记录关键词 3.展示"智慧果" 各小组将"智慧果"粘贴在智慧树上,介绍小组讨论成果。 老师补充: 被欺负者应敢于说不、呼救、求助、适当反击、建立自信、增强身体素质、避开欺凌多发地、谨慎交友等 旁观者不加入、及时制止、保证自身安全、求助、安慰被欺负着等 4."变身"结束,回归现实 有仪式感地过渡到下一环节。(对你的手偶说:"手偶,谢谢你帮我完成了这次体验。") 放下手偶,回归课堂	1.人人参与手偶表演,借助手偶表演、体验,生成当欺负来临时的自然行为反应,为接下来讨论应对欺负的方法做铺垫 2.在手偶的使用上,引导学生有仪式感地进行角色代入与抽离,避免将在表演中体验到的负面感受带入现实 3.学生结合手偶表演和实际学习生活,讨论、记录当欺负来临时的合理应对方法 4.将小组讨论成果写在"智慧果"上,粘贴在智慧树上分享。课程结束将智慧树带回班级张贴,直观展示讨论成果,作为日常学习生活中的方法指导

教学环节	教学内容	设计意图
总结与升华	1.解读守护天使活动 (1)在学习生活中留意、关注你的守护天使 (2)当你的守护天使遇到被欺负的麻烦时，运用今天学习的合理方式主动关心、帮助他 (3)每星期为你的守护天使写一张"守护寄语"，互相交换 2.寻找守护天使 (1)每人一张守护宣言，在小组内根据记号找到自己的守护天使，就近在相邻座位坐好 (2)彼此确认身份，填好对方姓名 3.总结冥想，积极赋能 借助冥想形式，给予学生积极心理暗示，带领学生总结回顾课堂，在温情、充满力量的氛围中结束本课	1.通过守护天使活动，为每名同学建立自身已形成的同伴关系以外社会支持系统 2.给予学生积极的暗示，帮助学生坚定的内心力量，在未来的生活中无畏前行 3.活动设计富有趣味性，学生易于接受随机匹配的守护天使 4.课程结束后将此环节的材料、名单移交班主任老师，协助班主任老师跟进后续守护情况，将课堂上为学生建立的社会支持系统有效移至日常生活

十、教学反思

本次课从欺负者、被欺负者、旁观者这三个角度，展开体验活动，引导学生掌握当欺负来临时的合理应对方法。

角色理论认为，角色扮演有角色扮演和扮演角色两种，前者指个人在生活中实际扮演的角色，后者指暂时扮演某个特定的角色，

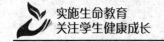

如演戏。前者是真实的生活状态,后者是模拟的虚假的表演状态。学生在实际生活中可能没有实际扮演过欺负者、被欺负者或者旁观者,通过手偶扮演角色,让他暂时脱离原有生活角色,进入模拟的角色状态,原本被压抑或没有条件释放的心理预期角色在虚拟的时空中得到展现。由于现实中的欺负行为易激发当事人的负面情绪,本节课的体验活动借助手偶演绎的形式,让学生代入手偶角色进行体验,一定程度上避免学生在课堂体验中陷入"被欺负"的负面情绪。

(摘自佛山市顺德一中附小新德业学校夏青在全国生命教育2019年年会上的观摩课。)

第三节　开展丰富多彩的社团活动与主题班会实施生命教育

　　主题班会作为学校活动的一种重要形式，是班主任有意识、有组织、有计划地实施生命教育的重要载体，也是学生进行团体合作、自我教育的重要形式。教师应该重视主题班会在生命教育中的重要作用，并善于利用主题班会这一重要途径，紧扣生命教育的主题，在学生中有效开展生命教育。

　　要在主题班会中有效地推行生命教育，班主任首先应当深入学生的生活世界，了解学生的思想状况和生命现状，认识到班级中存在的主要问题，有目的、有针对性地选择与本班学生生命现状相关的生命教育主题。同时还要关注生命教育主题选择的时效性，例如：在一年中有很多节日和纪念日，教师可以利用这些契机结合学生的思想状态，选择适当的生命教育主题。选定生命教育的主题之后，还要根据主题选择切实可行的、具有创新性的主题班会形式。关怀学生的生命现状，契合学生的思想现状，紧扣时代脉搏，不断更新教育方法，吸引学生，以取得较好的教育效果。

　　班主任要充分利用好家长、教师、社区、综合实践活动等各种校内外资源来丰富班会内容。在生命教育的实验过程中，我们提倡能够用《生命教育》教材去改造和提升主题班会。这样将使班会主题序列化，有更明确的追求，学生能更多地发挥自己的自主性、主动性，真正体现出学生作为学习的主体。在整个班会的设计和实施过程中，要充分相信学生，尊重学生的生命主体地位，鼓励学生全员参与到主题班会的设计中来，积极献计献策。教师在这个过程中，要给予适时、科学的指导，保证班会设计和实施过程的有序性和科学性，并在这个过程中培养学生的团体合作精神和协调能力。

在主题班会的最后，教师针对该次班会进行的有效总结往往能把整个班会推向高潮。在总结时，教师首先应该针对本次班会实施过程中的实际情况进行总结，对进程中的良好表现进行肯定，对模糊的认识和错误的观念进行澄清和纠正。其次，还要紧扣本次班会的主题，对该生命教育主题进行总结、反思，进一步揭示该主题的生命教育意蕴，使该次班会的主题得以升华。再次，一次班会课的结束并不意味着这节班会的终止，教师要做好班会的后续和活动延伸的设计，使得班会的内容得以补充和延续，效果得以巩固和升华，更大程度地发挥主题班会的生命教育成效。

深圳市"朱素娜名班主任工作室"提出的"三大模块九个主题"生命教育系列班会课值得生命教育教师参考。这些班会课具有三个优点：一是班会主题系列化，所有班会围绕"自然生命、社会生命、精神生命"三个模块和拓展生命的长宽高三大目标，组成了一个清晰的体系，避免了散乱和重复交叉；二是班会过程注重学生的活动与体验，生命的一个重要特征是一个生命可以替另一个生命去完成某项任务和活动，却永远不能替另一个生命去体验那项任务和活动，优质的班会课一定会为学生创造获得深刻体验的机会，这些班会课设计了许多别出心裁的活动；三是班会素材典型而且生动，这些素材仿佛是老师们为学生精心准备的礼物，可以引发学生的学习兴趣。

第四节 充分利用现代信息技术开展生命教育

生命教育不仅仅是一种知识的教育，更是一种情感的教育，体验的教育。它的教学成效不能单用知识的掌握程度来衡量，更重要的是让学习者在情感上真切地感受到生命的美好，体味到生命的价值。生命教育要达到触及学生心灵深处并使其产生深刻的情感体验的效果，就有必要选择具有生命启迪作用的、相应的精神资源和生动、有助于体验的教学方式。影视作品浓缩了的人类文明，蕴涵着丰富的生命教育内涵，是生命教育的重要资源。影视作品记录着一个个鲜活生命的生命历程，运用一段段浓缩的、夸张的、丰富的生活片段生动、鲜活地呈现众生百态，给观者带来身临其境的直观感受和深切触动。每个观众都在别人的生命故事里解读着自己的生命体验，回味着自己的生命旅途，或喜或悲，从而在深层次认识自我的基础上重新接纳自我，更好地投入生活和学习中去，热爱生活，珍惜生命。特别是一些以生命为主题的影视作品，蕴含着巨大的生命教育资源，教师应该有意识地在自己的生命教育实践中加以运用。

比如《放牛班的春天》和《死亡诗社》是两部难得的堪称经典的教育电影。前者讲的是一群问题少年在马修老师充满善意的理解、宽容与真诚的爱的影响下，渐渐地朝向光亮的成长。后者讲的则是一所在升学方面声名显赫的高中，文学教师基廷着眼于对学生生命的热忱浪漫、感受力与表现力的培养，在学生的心中播下追求自由与梦想的种子。

两部电影有共同的一点，就是两位老师用自己丰满的人格和对真正教育的追求赢得了学生的爱戴，却都遭到了校方的解雇。我从他们的作为中深刻地体会到：学校中的课程与评价，如果不是基于教师个人的生命真诚，那一定是很外在的东西。换言之，教师本身的影响力才会对学生健康的成长产生实质性的作用。而这种影响力是教师作为一个人发展到一定的高度才可能具有的。

第五节　以诗教活动为载体开展生命教育

一、以歌词赏析促进生命教育，让诗香飘逸满校园

在中小学，歌词的赏析是校本课程开发的一个很好的选题。歌词不同于诗词，不同于学术语言，它比较平实和舒展；又不同于日常生活的语言，它比较凝练和雅致；更不同于市井语言，它可以陶冶情性，可以培养趣味，可以让人感受到语言的魅力。好歌是人生中芳香四溢，历久弥新的行囊。当我们的心中流淌着美妙的旋律时，我们会更有底气去面对人生的失意、困顿、挫折与沮丧。

写得好的歌词真的是举不胜举："人字的结构就是相互支撑""美丽的月光不属于流泪的双眼""春天已准时的到来，你的

心窗打没打开?对着蓝天许个心愿,阳光就会照进来""我所能想到的最浪漫的事,就是陪着你一起慢慢变老""因为路过你的路,因为苦过你的……因为追逐着你的追……幸福着你的幸福""许久以来平淡日子的夜晚,你是我心中拥有的企盼""同样的感受给了我们同样的渴望,同样的欢乐给了我们同一首歌""我们对着太阳说,信念不会改变。我们对着大地说,生活总会改变。我们对着长江说,追求不会改变。我们对着黄河说,贫穷总会改……"有太多太多优美、精致的歌词,当我们分析和积累这些歌词时,我们也是在蕴积思想和情怀。真正的好歌是永不过时的。它们不应被遗忘,被抛弃,而应世代相传,像古文物一样加以珍惜保护,成为永恒不朽的人类精神宝藏。

在歌声中感受,在歌声中思考,捕捉歌唱中美好的情愫,想象歌词中描绘的……一个热爱歌唱的人,内心不会孤寂;一个热爱歌唱的人,会陶冶出细腻而丰富的情感;一个热爱歌唱的人,不会有太多负面的情感。我们赋予生命教育以这样的内涵:师生在学校的每一段时光都荡漾着生命的情怀,在校园的每一个角落都充满人性的温暖——笑声朗朗, 书声琅琅,歌声朗朗……

"好雨知时节,当春乃发生。"新春开学的一天清晨,一阵朗朗的读书声从东城小学传来,循声而去,原来是孩子们正在诵读诗词。伴随着读书声,走在这所充满着书香气息的学校,随处可见诗词的影子:学校中庭花园的"东城诗苑",七彩楼底楼的"东城诗社",教学楼内的诗词长……东城小学校园的每一面墙壁,每一块

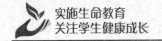
石头，都承担着传承诗教文化的重任。

著名语文教育家于漪说："优秀的诗词像种子一样，有顽强的生命力。它们破土而出后，和芳香的空气融合，长久地弥漫大地。"可见，古诗文对孩子精神的提升、人格的塑造、情感的陶冶、文化素养的形成等诸多方面起着潜移默化的作用。近年来，学校以古诗文诵读为突破口，积极探索诗词进校园和实施素质教育的有效途径，走内涵发展之路，积极创建诗教学校，以优秀的传统文化，为孩子的终身发展奠定人文底色。

东城小学自建校以来，一直注重弘扬传统文化，传承中华美德，以中华诗词为突破口，弘扬母语文化，创造书香校园。让诗词真正进入校园，润泽学生的心田，使之为学生的终身发展奠定人文底蕴，是东城小学的建校宗旨所在。目前，东城小学已成功创建"中华诗教先进单位"。

二、活动丰富，诗词氛围弥漫校园

"三十功名尘与土，八千里路云和。"每天10分钟的晨诵、20分钟的午读、30分钟亲子阅读，诗词诵读已成为东城小学师生们生活的一部分，日复一日地熏陶，孩子们将诗词牢牢记在心间。不仅如此，各班还举办形式多样的擂台赛——诗句接龙、你问我答、对诗竞赛、诗词考试，不断激发学生读诗、学诗的热情。每周的升旗仪式上各班轮流表演中华诗文诵读节目，在学期末评选"中华诗文诵读先进班集体"。

每年3月是东城小学的"诗书月"。该校鼓励每位学生做一份诗词手抄报并进行评奖，每班推选一名优秀诗词朗诵选手，在月末的大型诗书表演活动上比赛。各班准备的诗词节目也会在活动上一一展示，全校师生积极参与其中，感受浓厚的诗词氛围。

"欲有教于人，当不止于学。"光是学生学诗可不行，老师也得跟上脚步。为了提升教师的诗教水平，东城小学积极开拓各种渠道，邀请区文联、区诗词协会等的专家为全校教师培训诗词创作；开展古诗词教学研讨活动，撰写交流学习心得；开设古诗词赏析课、诗歌模仿创作课等。丰富的学习内容让教师的诗歌教学能力不断增强，诗词指导水平不断提高。

三、平台多样，诗词佳作层出不穷

"看，这是我写的诗。"四年级7班的成依蕊指着诗报《东城诗苑》向身边的同学自豪地展示自己的作品。成依蕊是东城小学"东城诗社"的成员，对诗书十分感兴趣的她不仅阅读了大量的诗集，还经常创作诗词，在老师的指导下，她的作品时常登上校园诗报。

"东城诗社"是东城小学乡村学校少年宫的39个社团之一。作为学校专为诗词创新创作打造的平台，"东城诗社"经常开展吟诵中华优秀诗文、改写古诗、活用古诗、创作诗歌、配乐表演、诗词配画等活动，同学们在诗词的熏陶下逐渐培养出儒雅气质。社团还时常组织学生外出采风，奔腾的长江、巍峨的山峰，都为同学们提供了广泛的创作源泉。

为加强诗教氛围，该校还创新地在阅读组、书法组、茶艺组、演讲组等社团活动中融入了传统诗词，其中"少儿茶艺"开展的诗

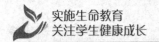
词茶艺被重庆市宣传部、重庆市精神文明办评为"特色项目"。

四、硕果累累，诗词成果可圈可点

东城小学建校时间虽然只有短短七年，但在诗教工作上已是硕果累累。该校负责人介绍，学校先后获得"全国文明校园""中华诗教先进单位"等近40项荣誉；学校教师的诗词教学展示课荣获部级、市级优课7人次；编写了具有学校特色的校本教材《经典诵读，润泽童年》6册，专门的诗词教学教案2本；教师撰写的诗词学习心得体会150余篇；每位学生都有自己创作的诗词手抄报和诗词读书笔记；学校创办的校报《东城诗苑》已刊发6期，累计刊登师生原创作品900余篇。

以诗启智，以诗育人，东城小学通过丰富多彩的诗教活动，让师生认识中华文化的丰厚博大，吸收中华民族的文化智慧，增强他们的人文修养，也为学校注入了清新的文明之风，成为该校实施素质教育的新特色。

第 四 章
构建具有学校特色的七彩文化，以优秀文化浸润学生生命成长

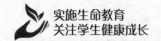
第四章 构建具有学校特色的七彩文化，以优秀文化浸润学生生命成长

在中国特色社会主义进入新时代的今天，人文精神的缺失引起全社会对中国文化传统复兴的强烈呼唤。学校是传承、培育、创新文化的基地，教育承担着为祖国的未来建设和发展培养合格接班人的重任，需要广大教育工作者为社会铸造新文化，为民族培养新精神。

我越来越深刻地认识到学生的品性修养、人格陶冶、品质提升以及学校教育品位与质量，取决于学校的文化内涵、文化品质、文化载体、文化活动方式以及师生对学校文化精神的认同与体验。我校在开展生命教育理念的实践中，以东曦之美、城赋七彩，熔铸文化精神，打造文化品牌，大力实施"七彩"文化建设，以优秀文化浸润学生生命成长，做了一些有益的探索。

第一节 七彩文化厚植学生成长，学校发展的根基

东城小学是在深化改革开放中创办于2014年的一所新学校，坐落于鼎山脚下，长江之滨。采巍巍鼎山之灵，积滚滚长江之韵，育国家栋梁之材。学校占地面积19720平方米，现开设38个教学班，

师生两千余人。建校伊始，我校就把文化立校作为办学之源泉，立校之灵魂。全校师生精心打造的"七彩"文化就是我们开展生命教育，以文化立校的品牌之作。 建校以来，学校先后获得"第一届全国文明校园""中华诗教先进单位""全国青少年校园篮球特色学校"等荣誉称号。学校拥有一支由高级教师、重庆市最美校长、重庆市最美教师、重庆市骨干教师、重庆市优秀班主任、江津区优秀教师等组成的高素质教师队伍。学校着力培养学生核心素养，大力推进课程改革，全面提高教育质量，打造津城教育明珠，努力实现学校发展梦。

一、"七彩"文化的来源

东城小学位于江津城区的东部，七彩阳光，普照校园，激励师生如阳光般多彩、和谐地成长。这种地域之自然现象与东城小学的办学追求(培养"全面而有个性"的学生)有着异曲同工之妙，由此而提炼出学校的主题文化——"七彩文化"。

二、"七彩"理念文化的基本框架

主题文化：七彩文化

办学理念：让每一个生命绽放精彩

培养目标：花开各异，朵朵绚丽

学校愿景：东曦之美，城赋七彩

学校精神：普照阳光，纷呈异彩

校　　训：世界因我而多彩

校　　风：熠熠出彩，美美与共

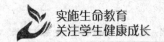
教　　　风：多彩精进，善思利导

学　　　风：七彩玲珑，勤学敏行

三、"七彩"理念文化诠释

(一)主题文化：七彩文化

七彩，即赤橙黄绿青蓝紫，是暖暖太阳的颜色，是绚丽彩虹的风姿，是生命个体的独特。七种色彩，七种不同的审美感触；七种色彩，交织出共同的美好画面。以"七彩"之意育人，是为适才适性，因材施教，让其各美其美也。孔子认为育人当"知人善教"。朱熹有曰："圣贤施教，各因其材，小以小成，大以大成，无弃人也。"因此，东城小学依据多元智能理论，尊重学生在道德修养、意志性格、知识水平、接受能力、才能爱好等方面的差异，确立多样化教育目标，开发和发展学生多种潜能，构建多样化课程，满足学生多样化发展需求，促进学生多元成长，成就教师多元发展，创造学校多样化文化，筑就师生的多元梦想。

(二)办学理念：让每一个生命绽放精彩

"七彩教育"强调儿童本体的"自然渴望、个性成长、内在生命的呼唤"。"精彩"是童心的起点，也是生命成长的目标。每一个生命都是一粒神奇的种子，教育者所要做的就是在"生命成长"的过程中，尊重、赏识每一个孩子，并给予阳光(爱)的滋润、雨水(智慧)的灌溉，在守望(因材施教)中"默默耕耘"，培育"生命种子"吐出"自信"的花蕾，散发"人文素养"的芬芳，绽放"七彩灿烂"的花朵。

(三)培养目标：花开各异，朵朵绚丽

"花开各异"指孩子们找准自己的发展方向，坚持自我能动发展，以一颗坚定的心努力向上，各自勇敢展现自身的闪光点，如同春天的花园般百花齐放，各美其美。

"朵朵绚丽"指每个孩子都坚定"我会开出自己的花朵，绽放出自己生命最绚丽的色彩"。个个生命舒展向上，心灵充盈，活泼发展，在成长的路上不断去遇见最美的自己。

(四)学校愿景：东曦之美，城赋七彩

"东曦之美"本指冉冉初升的太阳，寓意东城小学人保持生命的初心之美、童心之真、童趣之乐。"城赋七彩"指学校为师生搭建多元化体验与实践的平台，为师生生命的七彩绽放赋能。此愿景一方面彰显学校努力实现"育全面发展的学生"的办学追求；另一方面也融入学校名称"东城"二字，体现了本校文化的专属性与独特性。

(五)学校精神：普照阳光，纷呈异彩

"普照阳光"指学校是一个洒满阳光的地方，一片生命自由呼吸的土地。师生个个阳光自信、博爱包容，人与人之间和合相谐，尊重赏识，共同在这片热土感受灵魂净化的美好，咀嚼智慧增长的快乐，散发筋骨强健的活力，体味胸襟豁达的生趣。

"纷呈异彩"指师生关怀生命(主体)、关注生长(过程)、关心生态(条件)、关切生机(评价)，不强求，不统一，即悦纳自己，同时悦纳他人，个个成为多才多艺、多元发展的能人，最终实现个体

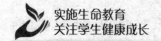
的充分成长和群体的蓬勃发展。

(六)校训：世界因我而多彩

想象一个没有你的世界，让有你的世界和无你的世界做出对比，让世界由于你的态度与选择发生有益的变化，这就是人生存在的哲学意义。

——李开复《世界因你而不同》

未来的教育既不是"工业"，也不是"农业"，更像是一个"森林"的样子——不同生命个体得到生长又相互依存。面向未来办学的东城小学，遵循师生成长规律，展现生命生长的广度；助力师生自主成长，呈现生命生长的高度。师生在这片"自然、自由、自主、自在"的乐土上尽情地释放天性、养成习惯、发展特长，勇敢展现自身的闪光点，并朝着这个方面努力前进，最终成为最好的自己，让"小小的我"也能为世界增添一抹靓丽色彩。

(七)校风：熠熠出彩，美美与共

"熠熠出彩"，指学校所有成员在学校工作、生活中彰显一种自信、昂扬、向上的精气神，并形成一股强劲的力量，事事合多彩，处处有体验，让校园弥漫在熠熠出彩的美好氛围中。

"美美与共"指全校师生和谐相处，互相信任，和洽共进；互相尊重，彼此包容，在承认他人特点与个性的基础上，发挥自己的长处和优势；尊重自己，相互学习，共同铸就丰富多彩、绚丽缤纷的教育盛景。

(八)教风：**多彩精进，善思利导**

"多彩精进"指教师在其德行修养、学问底蕴、教学水平、创新能力等方面多元共进。按照习近平总书记"三个牢固树立""四有好老师""四个引路人""四个相统一"的要求，老师们需要从修师德、铸师魂、遵师道、怀师爱、强师能、尽师职、惜师誉、为师表等几个方面，不断完善自我，成为高素质、专业化的教育教学业务能手。

"善思利导"指教师善于思考，不断改进自己的教育教学方法，善于引导、激发学生的学习兴趣，使其能积极主动地学习；教给学生科学的学习方法，使其提高学习效率；当学生有了心理障碍或思想迷茫时，能给以正确的引导，使其认清前进的方向。

(九)学风：**七彩玲珑，勤学敏行**

"七彩玲珑"指儿童在成长过程中释放本真，拥有他们本该拥有的童真、童趣、童乐。这既是积极向上，乐观开朗，活泼有朝气，身体和心灵都处于良好的状态；又是一种自觉主动的姿态、一种积极向上的状态，一种从善如流的心态。

"勤学敏行"指勤奋学习，乐于实践，成就知识的渊博和品格的伟岸。生命不息，学习不止。勤学是知学无涯的求学境界，是对待学习保持积极进取的健康心态。敏行是奋发图强、勇攀高峰的品格修养，是不怕困难、敢于争先的良好精神风貌。

第二节 七彩课程展现育人魅力

一、七彩课程的概念

七彩课程源自"七彩教育"基本内涵的延展。课程充分了解和尊重每个学生的个体差异，以打造全程化、跨边界、多样态、超时空的全景式课程系统，为其提供完整、丰富、切实的学习经历，让每个学生都能找到发挥自己优势的切入点。在丰富的课程浸润中，学生不仅提升了生命质量，更促进了个性的和谐发展，最终人人都能成为最好的自己。

二、七彩课程的整体思路

为了更好地实施"七彩课程"，学校始终遵循国家教育方针，顺应课程发展的趋势和方向，采用"123"的整体思路：

一个中心，即以发展学生核心素养为中心，培养具有中国灵魂和世界眼光的时代新人。

两个策略，即以能动教育和项目式学习为策略。

三个途径，即以"教室小课堂、校园中课堂、社会大课堂"的"三空间活力课堂"为实施途径。

三、七彩课程的基本构架

东城小学"七彩课程"体系把国家课程、地方课程、校本课程进行了统整，课程图谱由内到外涵盖了基础课程、拓展课程、综合课程。

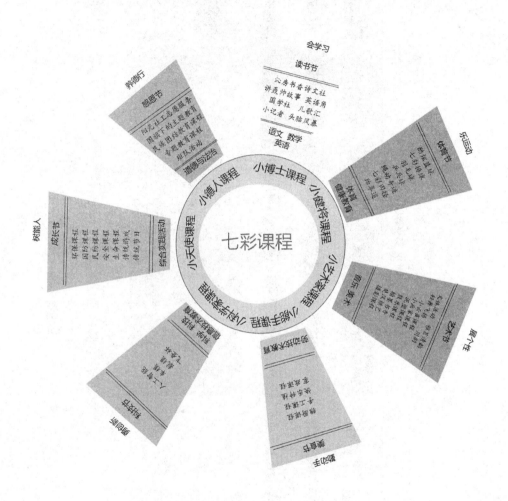

课程图谱

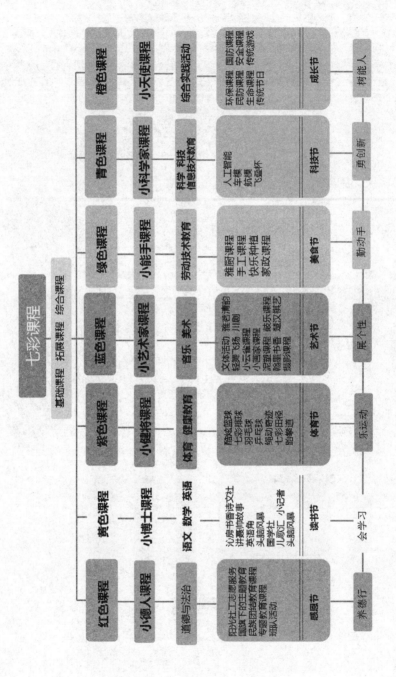

课程逻辑图

七彩课程框架的设计横向打通学科壁垒，形成学科内、学科间、学科整合的三条路径，让儿童学习有多种选择；纵向打通学段，使儿童在不同时空中逐步攀升；横纵联合的主题课程群，实现儿童持续、能动、立体的深度学习。

在这一系列的课程群当中，炫酷篮球特色课程和雅茗清韵特色课程尤为出彩。

炫酷篮球特色课程——2019年，学校被教育部命名为"全国青少年校园篮球特色学校"。自建校以来，篮球项目已成为学校体育工作的特色和亮点，促进了体育教学工作和体育运动的开展。学校师资保障，课程保障，以球促德、以球增智、以球健体、以球审美，凸显篮球运动的拼搏精神，团队精神。人人有篮球，班班有球队，学校每天有篮球操，每周有篮球课，每月有篮球赛，开展篮球技能训练，传播篮球文化，小篮球舞出了大梦想。

雅茗清韵特色课程——2016年，学校"少儿茶艺"在"寻找重庆市乡村学校少年宫优秀典范"活动中荣获"特色项目"。学校按课时计划开设茶艺课程，全校师生人人参与茶艺学习，了解中国茶文化。从茶叶分类到茶文化历史，泡茶敬茶，学习礼仪，学会尊老爱幼、尊师重教、互敬互爱，并在日常行为中进行规范。在奉茶敬茶过程中，体现了中华民族尊敬师长、客来敬茶的优良传统，让茶文化溢满校园。学校开展丰富多彩的茶艺实践活动，组织师生到四面山、猫山等茶山、茶场开展识茶、采茶、制茶、品茶等研学活动，让茶香浸润心田。美心修德，学习礼仪，茶艺课程，培养儒雅

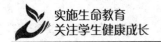

少年。

四、七彩课程管理措施

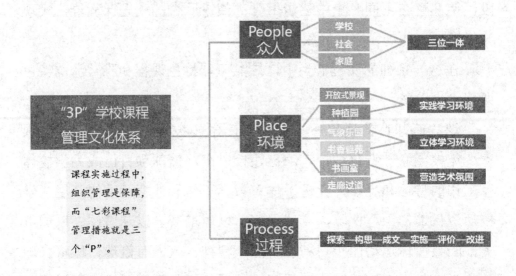

回眸与展望，学校聚集文化精细管理、课堂精准转型、课程精美成长、师生精彩收获，强化创新驱动发展，培育学生核心素养，坚定七彩教育自信，使课程成为教育综合改革的闪亮标志。

第三节　七彩校园关注学生生命成长，营造幸福空间

校徽、校旗是学校视觉文化最重要、最直观的组成部分，它通过个性化、系统化的视觉元素让学校的办学思想得以规范呈现，从而塑造学校良好的社会形象。

校徽   校旗

校徽主体图形由"江津东城"四字拼音首写字母"JJDC"艺术创意而成，直观地展现了学校的地域文化属性。上半部分的"JJD"像两个向着阳光奔跑的人，寓意在七彩文化的涵养中，师生阳光向上，个性张扬，自信出彩；下半部分的"C"像老师温暖的手，托起初升的太阳，寓意在老师的教育与关爱下，孩子们的学习、生活健康发展，生命在这里绽放光彩，茁壮成长。校徽整体图形又像逐浪前行的帆船，寓意东城小学人乘风破浪，和合共进，追日逐梦。"2014"是学校的创办时间。色彩以蓝色为主，代表着安宁、和谐、有序，以橙色、绿色点缀，代表着活力、向上、积极。

东城小学校歌

1=D $\frac{2}{4}$

朝气蓬勃地

周尚芬词
陈和昭曲

(5 5.6 | 5 - | 6 6.7 6 - | i. i 7 6 | 5 6 5 3 |

2 - | 2 3 6 | 1 - | 1 -) | 1 2 3 6 | 5 0 |

　　　　　　　　　　　　巍巍 鼎山　下，
　　　　　　　　　　　　琅琅 书声　中，

3 5 6 1 | 5 0 5 | i 6 | 5 6 5 3 | 2 1 5 2 | 3 0 |

滔滔 几江　畔，　　有 一片 梦想 花田 梦想 花　田，
悠悠 山水　间，　　这 是我 们的 校园 我们 的校　园，

5. 6 5 2 | 3 5 | 6 6 1 6 3 | 6 - | 5 4 3 5 | 2 3 6 6 |

辛 勤园　丁耕耘　灿烂　的未　来，　　纯真 蓓蕾 憧憬　着
谨 记校　训世界　因我　而精　彩，　　践行 校风 七彩　熠熠

6 2 3 2 | 1 - | 0 3 2 1 | 2 2.3 | 2 - | 3 3.5 | 3 - |

美好 的明　天，　啊…… 梦想 花田，　七彩 乐园，
同心 共　美，　啊…… 善思 利导，　多彩 精进，

2 2 3 3 | 5 5 3 3 | 1 1 2 6 | 5 - | 6 6.6 6 - | 7 7.7 |

带给 我们 多少 幸福 多少甘　甜。　梦想 花田，　七彩 乐
求知 路上 劈波 斩浪 勇往直　前。　七彩 玲珑，　勤学 敏

7 - | i. i 7 6 | 5 6 5 4 | 5 - | 2 3 6 | 5 - |

园，　带 给我 们多 少幸 福多　少甘　甜。
行，　七 彩之 花盛 开在　津　城东　边。

i. i 7 6 | 5 6 5 3 | 2 - | 2 3 6 | 1 - | 1 - :|

带 给我 们多 少幸 福多　　少甘　甜。
七 彩之 花盛 开在　津　　城东　边。

2. 结束句

6 6.6 6 - | 7 7.7 7 - | i. i 7 6 | 5 6 5 3 |

七彩 玲珑，　勤学 敏行，　七彩 之花 盛　开在

渐慢

5 - | 6 2 6 | i - | i - | i 0 |

津　城东　边。

— 1 —

校歌

"七彩乐园，多彩精进，七彩之花盛开在津城东边！"校歌唱出属于东城小学人自己的七色光彩。

校赋

以赋为音，融情于心。学校把对"七彩"文化的践履用赋的形式予以彰显，让其得以流芳传扬。

环境文化是学校文化的外在表现。学校重视环境文化的开发，力求发挥每一处环境的教育功能，力求文化性和装饰性的完美结合，让每一处环境都能成为育人的载体，目光所及诗情画意，侧耳倾听花开有声。文化的伟大在于耳濡目染，在于不知不觉，在于润物无声，学校文化正浸润着东城小学的每一棵花草和每一位师生。

室外空间，按主题分区，以文化石、文化墙、景观小品等设计手法，将学校的文化融入环境，形成了"花园文化""东城诗苑""笑脸墙""星级榜""书画长廊"等文化阵地。由此，形成了"人在教育场之中央""让空间塑造人"的全学习课程空间，让校园处处彰显"文化润心、精神育人"的教育要义。

　　室内空间，根据各区域的功能属性进行相关文化设计与布置，形成"办公室文化""功能室文化""班级文化""楼道文化"等。楼道布置读书角、活动展示区等，形成多个非正式学习空间，孩子们在此互动交流，动手实践，阅读世界，展示自己。各班精心设计班级名片，挖掘花的精神内涵，以花为名，以花励志，处处体现以人为本的设计理念。

学校校门　　　　　　　　　　七彩校园

校园一角　　　　　　　　　　校训石

楼道一角　　　　　　　　　　楼道文化墙

科技室　　　　　　　　　　　　图书室主题文化墙

学校对四栋楼宇进行了命名，分别是：

七彩楼(综合楼)：寓意师生坚持整体与个体、全面与个性的共同发展，坚持多元文化(传统文化、当代文化、世界文化)的共生共荣，彰显百花齐放、七彩绚烂的办学境界。

溢彩楼(办公楼)：寓意老师们不断提高自身道德修养和职业道德水平，树立师德之典范；不断提升专业素养，提高专业能力，让师德闪光，让才华溢彩。

炫彩楼(教学楼)：寓意学生们唤起内心、竭力完美、精彩绽放的赤热追求，勉励自己勤省勤作，塑个性，阔视野，明志向，以矫健、挺拔、饱满、闪亮的生命姿态实现个体的充分生长和群体的蓬勃成长。

沁彩楼(生活楼)：寓意食堂担负着为全校师生供给膳食保障服务的重任，坚持安全、健康、美味的基本原则，保证菜系丰富多彩，味道沁人心脾，营养滋养生命成长。

第四节 七彩德育涵养高雅言行

行为文化是学校文化的行为准则。学校以社会主义核心价值观引领师生成长，积极开展"德润四季·共筑梦想"主题教育活动。学校校风好，教风好，学风浓，师生文明有礼，积极向上。2017年，学校获得"第一届全国文明校园"的殊荣。学校继续巩固"文明"成果，开展校园名师评选活动，提高师德师风修养；开展校园"七彩之星"评选活动，培育新时代好少年；开展主题教育活动，对学生进行"一语一事"好习惯养成教育，开展法制安全教育活动，培养遵纪守法的小公民；创造性地开展综合实践活动，"感恩节""读书节""科技节""体育节""艺术节""美食节""成长节"等活动，让师生感受快乐，感受温暖，让文明之花在东城小学的校园娇艳绽放。

东城小学具体行为体系：（见下图）

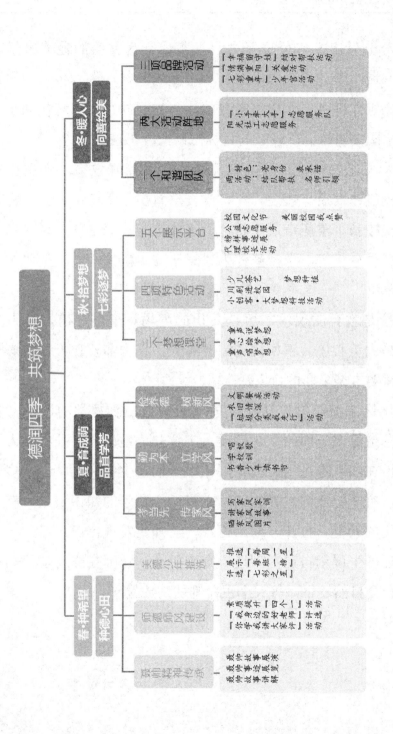

德润四季 共筑梦想

冬·暖人心 向善绘美

三项品牌活动
- "幸福满童年"关爱活动
- "温暖童阳"留守结对帮扶活动
- "七彩童年"少年宫活动

两大活动阵地
- "阳光小社工"志愿服务
- "童手牵大手"志愿服务队

一个和谐团队
- 两大特色: 党员亮身份
- 活动结：教队名师引领

秋·拾梦想 七彩逐梦

五个展示平台
- 代榜公校园文化
- 理样校园美丽校园
- 板长志愿服务我点赞
- 活动

四项特色活动
- 小川少创刺儿童艺
- 童各进校园
- "大梦想"梦想科技种植
- 梦想活动

三个梦想课堂
- 童童心声
- 唱梦绘说梦想
- 梦想想想

夏·育成荫 品自学劳

俭养素树新风
- "文明情餐桌"活动
- "衣旧情深"活动
- "垃圾分类我先行"活动

勤为本立学风
- 书香校园
- 春校训歌
- 少年读书节

孝当先传家风
- 晒讲写家家风家
- 风故事图片故事训

春·种希望 种德心田

美德少年推选
- 推展示选
- 评选"每周班一星"
- "七彩之星榜"

师德师风建设
- 素质提升
- "一你身模范
- 我讲功的四个
- 大老师评选活动
- 家评展"活动

莫们精神传承
- 聂聂帅
- 聂帅故事
- 故事演展讲
- 讲展演说

一分分付出，一分分努力，汇集成行为文明的最美风景。在未来，东城小学还将以志不改、道不变的坚定，进一步创新思路举措，细化工作任务，优化路径载体，与文明同行，和时代同步，向着建设全国文明校园升级版的目标砥砺前行，奋勇前进。

七彩文化的落地，和风细雨，收到了良好效果，师生快速成长，学校飞速发展。短短几年，学校培育出了重庆市骨干教师、重庆市最美校长、重庆市最美教师、重庆市优秀班主任，重庆市美德少年、书香少年等。学校被评为"第一届全国文明校园""中华诗教先进单位""全国青少年校园篮球特色学校"等。

学校是教育的现场，更是文化的道场。道场之道，是人文环境，更是大美心境。正如桃花需要春天，果香需要秋天，多彩出色的人也需要丰饶多彩的育人沃土。

江津区东城小学校从文化顶层的塑造，到视觉的展示，再到环境的营造等多方面的文化建设，多位立体地彰显了独特的人文魅力。其旨在深入推进生命教育，让孩子们在生命成长中，在多彩的校园里，有一把通向世界的钥匙，有一个宽广的知识殿堂，有一片展翅高飞的天空。打开一扇扇窗户，让师生发现自己；搭建一个个舞台，让师生展示自己；创造一个个机会，让师生成就自己。在这里，教育会自然发生，每一个生命都能绽放精彩！

第五节　在校园文化建设中重塑学生的核心价值观

在2017年11月17日，在全国精神文明建设表彰大会上，江津区东城小学校被评为首届全国文明校园。这来之不易的荣誉，是学校在开展精神文明建设中重塑核心价值观、构筑文明新高地的成果。获评全国文明校园以来的近几年时间里，东城小学致力于打造全国文明校园"升级版"，紧紧把握"六好"标准，开展全国文明校园创建保持工作，努力探索构建精神文化内涵体系，让文明成为校园最美的底色。

2017年以来，学校先后被评为"中华诗教先进单位""全国青少年校园篮球特色学校"、重庆市首批智慧校园示范学校，学校乡村学校少年宫工作连续4年被重庆市宣传部、重庆市教委、重庆市财政局评为特等奖。

一、开展以心育人的生命教育，凝聚文明"大格局"强大合力

(一)强化领导，机制育人

学校成立了以校长、党支部书记为组长的复创全国文明校园领导小组，形成"组织统一领导、科室协调指导、班级组织实施、师生密切配合"的创建"大格局"。同时，一手抓工作制度，建立学习型、服务型、创新型党组织建设制度，将创建工作融入"两学一做"学习教育常态化制度化；一手抓监督保障，开展"校长接待日""代理校长"等活动，坚持校务公开、收费公示、定期自查，

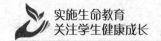
形成民主、亲和、信任的创建氛围。

（二）优化师资，师德育人

以"三个一"为抓手，将师德师风建设摆在优化师资首位，贯穿教师职业生涯全过程。"三个一"：读一本好书，充分利用开放式图书馆倡导自行阅读学习，举办"每周教师论坛"分享心得体会、读书笔记；上一堂优质课，用优秀课例展示课、新教师汇报课等多形式的教研活动，促进教研工作的扎实开展，组织每名教师每期上一堂优质课；签一份承诺书，建立师德管理、考核评价制度，学校与每个教师签订师德师风承诺书，鼓励教师在校本课程开发、指导学生活动等各自擅长的领域成就事业。

（三）营造氛围，全员育人

以"你学我讲大家评"活动为主线，营造全校上下没有旁观者、没有局外人，人人关心复创、人人支持复创、人人为复创做贡献的良好氛围。"你学我讲大家评"：即学道德模范，举办道德模范事迹展、师德楷模事迹报告会，组织师生参加"好人在身边"微访谈，多种形式学习宣传道德典型；讲美德体会，通过"中华魂"演讲比赛、"美德在我心中"主题班会、"国旗下的演讲"等载体讲述道德模范与身边好人的故事；评美德榜样，每年评选"文明班级""文明学生"，每月评选"十星少年"，设置"校园美德榜"，营造崇德向善、见贤思齐的浓厚氛围。

二、以德树人，文明"新动能"汇聚美

(一)德润校园，环境美起来

以创建"中华诗教先进单位"为契机，营造诗意校园、优化育人环境，让学校"面子""里子"靓起来。将社会主义核心价值观制作成校园景观，在教学楼、餐厅、多功能活动室、宣传栏等设置专区，展示核心价值观活动、历史名人、学生画作等内容200余幅；设计制作言谈之礼、待人之礼、仪式之礼等50余幅社会主义核心价值观公益广告，在校园周边张贴悬挂，让学生在一步一景中耳濡目染，润物无声；开展"垃圾分类我先行"活动，推进学校班级垃圾分类全面落地，从小培养环保意识和行为习惯。

(二)德润家庭，家风美起来

常态化开展写家风家训、讲家风故事、晒家风照片等系列活动，形成家家好家风、家家好家教的浓厚氛围。写家风家训，即招募志愿者成立"爱心书画学校"，义务教授学生书写家风家训，每学期开展一次校园评比和家风家训书法展；讲家风故事，即以班级为单位，每月开展一场"好家风 永流传"家风故事会活动，挖掘诗礼传家、勤俭持家、尊老爱幼、明事知礼、爱物知恩等"家家之训"主题；晒家风照片，即通过学校发动、家长参与，征集最美全家福、家风家谱照等家风照片。

(三)德润社会，言行美起来

培养"一语一事"习惯，引导学生每天向他人说一句感恩的话，做一件力所能及的事；制作"一语一事"笔记本，记录行为点

滴。开展"一月一行"活动，每月组织学生参与一次"文明社区行"活动，在家长带领下走进社区，走上街头传播文明礼仪常识，劝导不文明行为，做文明表率。举办"一期一课"展示，每年举办"校园开放日"，每个班级完成一节40分钟左右的主题班会课，让文明礼仪走出校园，融入社会。

三、以梦立人，文明"生态圈"集聚公益力量

(一)拓展主题实践，人人有梦

建立梦想成长档案，制作梦想成长手册2000余册，记录孩子们的梦想描绘、行为表现、学习过程、学习成果，帮助学生回顾梦想的动因、追梦的努力，增强圆梦动力。培育梦想导师队伍，从优秀教师、文艺骨干、生活达人等群体中招募28人组建"梦想导师"队伍，为乡村学校少年宫授课，帮助进城务工人员子女圆梦。开展梦想结伴活动，实施"助梦飞翔"公益行动，动员志愿组织、爱心人士、爱心企业加入"梦想助力团"，结成助梦对子500余对，形成"手拉手，共逐梦"的良好氛围。

(二)创新活动载体，人人逐梦

开展"梦想课堂"公开课，联合区图书馆、科技馆等公共服务资源设立梦想课堂，将"中国梦"主题图片展、科技大篷车等资源送给孩子们，传递追求梦想正能量。开设心理教育微课堂，1名心理教师、1个心理成长小组、5名家长义工组成"1+1+5"心理健康教育团队，开设心理教育微课堂，使进城务工子女更易参与和接受梦想教育。举办科技创客文化节，以"小创客、大梦想"为主题，成

立"小小创客俱乐部"，举行"机器人创意大比拼""小飞机大梦想"等丰富多彩的活动，鼓励孩子脚踏实地追寻梦想。

(三)弘扬志愿精神，公益圆梦

组建一支队伍，动员师生、家长3000余人成为志愿者，加入"公益小天使"志愿服务队。疫情期间，教师们主动当起战疫志愿者给孩子们上网上视频课。打造一个品牌，围绕文明环保、敬老爱幼、公益市集等主题，培养孩子的沟通、动手、实践能力，打造"文明我点赞"志愿项目品牌。服务万名群众，通过清明节缅怀先烈、五一节劳动体验等重要节庆节点，开展走进敬老院、消防支队、贫困儿童家庭、社区清扫活动、到江边捡拾垃圾等志愿服务，累积服务市民10万余人次，师生志愿服务成为常态。

四、以文化人，文明"新高地"激活一池春水

(一)擦亮红色文化，激活斗志

依托江津是聂荣臻元帅的故乡这一宝贵资源，挖掘红色文化，弘扬聂帅精神。组建聂帅精神宣讲团队，选拔"小小讲解员"200余人，讲解聂帅的丰功伟绩和"两弹一星"等经典小故事；编写《聂帅在我心中》校本教材，开设专门课程，学习和继承"热爱祖国、无私奉献，自力更生、艰苦奋斗，大力协同、勇于攀登"的"两弹一星"精神；和聂荣臻元帅陈列馆开展校馆互动，常态化开展"讲聂帅故事，做聂帅传人"系列活动，举办校内聂帅精神展览，到聂帅陈列馆开展义务讲解1万余人次。

(二)弘扬传统文化,留住乡愁

传承"非遗"文化,邀请"非遗"传承人在乡村学校少年宫开设旱码头山歌、米花糖制作、酱油与醋酿造等"非遗"传承项目课程,设立工作室驻点教学。传承农耕文化,在校园内开辟"梦想种植园",带领学生学习使用农具,栽种花卉蔬果,掌握耕种技术,撰写自然笔记。传承诗词文化,定期举办古诗词经典诵读比赛、赛诗会、演讲及诗词创作大赛等诗教活动,让师生体验、感悟经典文化的内涵和创作的乐趣。

(三)凸显社团文化,以技促能

开设"四点半课堂——幸福社团",针对留守儿童无人看管的情况,在每天下午四点半放学后,组织留守儿童根据自己的兴趣爱好选择参与书法、绘画、合唱等社团活动。打造川剧特色社团,特聘本土川剧名家担任学校兼职辅导员,每周在乡村学校少年宫开设川剧知识课程,勾画川剧脸谱,指导动作要领,排演极具江津本土特色的川剧曲目《塘河嫁》等现代川剧表演。以社团为单位,打造乡村少年宫精品样板,目前已组建起文学类、艺术类、体育类、科技类等38个活动项目,其中少儿茶艺、绘画、厨艺、跆拳道、川剧表演、博物馆讲解等已成为学校乡村学校少年宫特色项目。

关山初度尘未洗,策马扬鞭再奋蹄。一分分付出,一分分努力,汇集成文明创建的最美交响。东城小学将以志不改、道不变的坚定,进一步创新思路举措,细化工作任务,优化路径载体,与文明同行,和时代同步,向着建设全国文明校园升级版的目标砥砺前行，奋勇前进，让校园、师生和与之相关的每个人，都能幸福地守望着一片片文明的风景。

第五章
实施生活体验教育，让生命教育在实践的领悟中绽放光彩

第五章 实施生活体验教育,让生命教育在实践的领悟中绽放光彩

　　小学是儿童成长的初级阶段，也是系统接受文化的开始。自古以来，人们非常注重儿童的蒙学教育，强调"养蒙以正"，正是这种先入为主为主的文化，对于人的一生好比绘画的打底色，建房的铺基石，根植下牢固的根基。人的正直、正气、正义之德行，心性、涵养之内质能否养成，在很大程度上主要依赖于儿童对经典文化的接触、吸纳与实践生活的历练。

　　所谓原始文化，对小学生而言，就是人们的生活方式、生活态度、行为规范、道德准则与社会价值等，这些东西有的以情感和行为表达；有的则以文字与思想传播；有的则以社会体验获得真知，领悟生命的价值。随着社会变迁，有的不断创新，有的亘古不变。

第一节 优质教育源于对美好生活的向往与追求

一、生命教育从培养学生追求美好的生活开始

　　我们的生活有两个评价的尺度：一个是社会伦理道德的尺度，即所谓"善与不善"；另一个是个人自我的评价尺度，即所谓"好

与不好"。这两个尺度并不总是一致的：符合社会伦理道德的生活，个体自我的内心体验可能并不美好；自我感觉"好"的生活，也可能是"不善"的。譬如些人吃喝嫖赌，他会感觉很开心，却是充满低级趣味的生活，是有悖社会道德的生活，甚至可能是充满罪恶的生活。也有一些"人上人"，耀武扬威，风光八面，铺张浪费，劳民伤财，他们的生活也是背离社会良善的伦理道德的，是可耻和肮脏的生活。

善的生活，即体面的、有尊严的、负责任的生活，精神高贵和优越的生活，正直与光明的生活，富于德性的生活，充满了同情与关爱的生活。而好的生活能够感受到惬意与轻松，感受到内心的充实与和谐，感受到精神与物质的富足，感受到心灵的舒展与个性的张扬。美好生活是一种自我实现的生命历程，是一种"不惑、不忧、不惧"的生活。

而所谓优质教育，一定是能够使学生形成阳光般的心态和健康人格的，是能够提高学生的自尊和自信的，能够使学生内心变得越来越充实和富有力量的。优质教育一定是学校资源的配置富有效率和效益的，学校生活中充满了对所有学生的深切关注，没有人被忽视和被遗弃。

优质教育从其目标追求来说就是真正去为学生的幸福人生奠基，为一个好的社会培养好的公民。教育是最应该富有正义感和最应该有良知的事业。教育是最应该充满对于美好人生和美好社会理想的。假如教育失却理想，我们还能有什么?没有理想的教育也许可

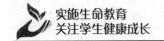
以是高效的，但绝不可能是具有精神高度的。

优质教育从其教育过程的品质来说，是充满关注生命的气息的，是能够让生命的活力充分涌流的，是能够让智慧之花尽情绽放的。教育过程中充满谅解和同情，教师能够帮助学生缓解考试的焦虑和学习的压力；教师在工作中能够做到劳逸结合，更多地给自己积极的心理暗示；团队成员和师生之间应相互激励；着力提高课堂教学的效率，真正实现有效教学；在学校的全部生活中能够充满对细节的关怀。

教育过程就是学生对科学文化知识的学习与实际生活的体验的过程。因为追求人生价值目标的实现有赖于这个过程，学生的人格品质也是在这个过程中形成的。如果学校生活本身是令人压抑的，枯燥无味的，充满了对人的不信任和不尊重的，那么，即使目标再好，也只能是镜花水月，空中楼图阁。

美好生活是现实的、具体的，而不是宏大的、抽象的伦理道德的训诫。学校是师生生活、工作和学习的世界。学校应该是放飞心灵和舒展个性的地方。可是相当多的学校师生却有着这样的生命体验："头脑是满的，心却是空的；时间是满的，生命是空的"。个别学校热衷于搞花架子，制造轰动效应以吸引社会的眼球，可谓"名声在外"。而实际上教师专业素养长期没有得到真正的提升，学校教育质量低劣，学生在学校的活动既不丰富，又缺乏吸引力。学校真正重视的仍然是学生升学考试的成绩，除了在学校中大量的机械训练，还把提高学生学业成绩的责任转嫁给家长。

影响学生校园生活质量的因素包括师生关系、同伴关系、课业负担、教学质量、课外活动的吸引力、校园的物质环境等。素质教育从效果看是能够促进学生自主发展、和谐发展、个性化发展和可持续发展的教育。它源于学生对美好生活的追求，也会使其为了美好的生活去奋斗。

二、在追求美好生活中注意吸收最好的生活元素

生命教育强调为学生的幸福人生奠基，为教师的美好生活添彩。那么，生活中有哪些元素是重要的?又有哪些元素十分消极从而对我们的生活质量产生负面影响?什么样的生活是美好的生活?

第一，美好生活中的"有"首先是心中有盼头。对于一个人来说，有理想、有追求，生活才会有声有色，才会有不断成长的内源性动力。而对于一个好的社会，那就是能够给更多的人以希望，给所有的人以梦想并有实现梦想的机会。其次是手中有事做。无所事事，是一种百无聊赖的状态。有事可做，意味着社会需要你，意味着你人生的价值有得以表征和确证的机会。有事可做，就该心存感激，就该敬业爱岗。让所有人有谋生与自立的能力，有一技之长服务于社群，教育应当为此做出努力。在一个多元社会中，将会有更多的自由职业者。可见，有事可做与有一个固定的工作岗位还不是一个概念。全副心身投入地做一件事情，是生命积极的存在状态。美好生活的第三个元素是身边有亲友。人是社会的存在和精神的存在。每一个人都需要有情感的归属。"人字的结构就是相互支撑"，友情、亲情、爱情，是生活中的阳光。正因为友情、亲情、

爱情对于生活如此重要，古代文人才会有那么多表达客旅乡愁的诗章，才会把"他乡遇故知"作为人生一大乐事。我们说，善待他人，首先是善待我们身边的人，善待我们的亲朋好友。在学校就应该培养学生的团体精神，使其尊重教师，热爱同学，帮助同学。

第二，美好生活的"无"，首先是心中没有恐惧。在一个法治社会，法律之内人人自由。只要你堂堂正正地做人，遵纪守法，一切都光明正大，只要不做违法的事，你就没有什么可害怕的。虽然有时候我们所做的事情不能尽如人意，但能够做到无愧吾心也就可以了，有道是"树正不怕月影斜"。在朗朗乾坤下，真的假不了，假的也真不了。当然，"恐惧"与"敬畏"是两个概念，我们需要对神秘和神圣的事物保持敬畏。假如一个人，心中没有敬畏感，如果他天不怕地不怕，那这个人就会很可怕。其次是亲人中没有谁是犯罪分子，没有谁是一个极不道德的人以至丧尽天良，违法乱纪。亲人之间的相互关爱、无私给予、真诚劝勉，都是减少犯罪的重要的亲情防线。再次健康是幸福生活的一大基石。虽然生老病死是人生不可避免的，但我们如果更多地过健康文明的生活，注重日常保健和养生，包括适量运动和合理膳食，我们就更可能远离疾病的侵扰。最后是身边无仇私。如果你为人宽厚，比较有仁爱的精神，一般不会有非常仇视你的人，更不会有不共戴天的仇敌。和谐、融洽的人际关系是美好生活的一个重要条件。对他人多一点发自内心的尊重、信任和宽容，多一点友善和关爱，我们就会看到更多的微笑，在生活中感受到更多阳光。

套用托尔斯泰的名言："幸福的人都是相似的，不幸的人各有各的不幸。"幸福的人生拥有一切美好的东西，而不幸的人生不该有的东西有，该有的东西却可能缺乏。生命教育最重要的是让每个人发自内心地感到活着的美好，人间的美好，成长的美好，学会理性地生活，认真地生活，负责任地生活，有创意地生活，从而拥有幸福的生活。

第二节　在生命教育中知行合一，关注生命成长中的日常生活

生命教育强调知行合一。伟大的教育家陶行知先生的"教学做合一"的思想与生命教育所强调的身体力行的教育主张是高度一致的。生命教育需要教育者的新的人格，需要一种真诚的、亲切的、体恤的、欣赏的、喜乐的、温暖的个性品质，也需要将尊重生命、欣赏生命、关心生命、体恤生命体现在我们日常生活的细微行为之中。

一、学会尊重生命，构建起和谐的人际关系

有则寓言故事对我们启发很大。

据传古时，有个国王战败被俘，敌方要求他回答一个问题，答不出来要被处死。问题是："女人真正想要的是什么？"

许多人帮国王出答案，但没有一个能让敌方满意。有个无所不知的女巫答应帮国王，但条件是要和国王最好的朋友加温结婚。女巫奇丑无比，而加温高大英俊，是最勇敢的武士。国王说："不，

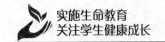
我不能为了自由强迫我的朋友娶你这样的女人!"可加温为了救国王，义无反顾地娶了女巫。女巫于是回答了这个问题："女人真正想要的，是主宰自己的命运。"国王得救了。

婚礼上，女巫的丑陋震惊了所有人，人们纷纷为加温扼腕叹息，并劝加温晚上不要进洞房。但夜幕降临的时候，加温信守诺言走进了新房，让他惊讶的是，一个绝色美女坐在新房里，那就是他的新娘女巫。女巫笑着对他说："我在一天的时间里，一半是丑陋的女巫，一半是倾城的美女，加温，你想我白天变成美女还是晚上变成美女?"这是个如此残酷的问题，如果你是加温，你会怎样选择呢?

加温的回答是："既然你说女人真正想要的是主宰自己的命运，那么就由你自己决定吧!"

女巫热泪盈眶地说："我选择白天、夜晚都是美丽的女人，因为你懂得真正尊重我!"

这当然是一个虚构的故事，但它传达了一个道理，每个生命都是如此的不同，尊重他人可以激发出生命中美好的部分，建构起和谐的关系，有时它会让你有意想不到的收获。

二、学会欣赏，互相理解，互相尊重

欣赏比尊重更进一步，尊重是接纳对方的一切，而欣赏是在此基础上还能发现、肯定对方的优点。每个人都有被肯定和欣赏的需要，在总是表扬他的人和总是指责他的人之间，他一定是对前者更有好感，也一定更能与前者建立好关系。

有一位画家拿了自己的一幅画作到市场上去展出，他在画旁放了一支笔，并写了一句话："每一位观赏者都可以在画得不好的地方标上记号。"晚上，画家取画时发现整个画面都涂满了记号，仿佛被指责得一无是处。画家深感失望。

第二天，画家又画了一张一模一样的画拿到市场上展出。但这一次他写了另一句话："每一位观赏者都可以在画得好的地方标上记号。"晚上，画家取画时发现整个画面也涂满了记号，仿佛每一处都被人欣赏。画家心里很高兴。

这个故事告诉我们，如果你习惯指责一个人，你的眼里就满是他的不足；如果你总是欣赏一个人，你就会不断地发现他的优点。纪伯伦说："重视人们的缺点，是我们最大的缺点。"我们也可以说："发现人们的优点，是我们最大的优点。"

三、学会关心生命，热心助人为乐

我们再来看一则故事：

有一次，庄子穷得揭不开锅了，他跑去向人借钱。那个人虚伪地说："我年底要收租了，到时借你一点，好吧？"

庄子回答说："我在来的路上，看见干涸的池塘中有一条鱼。鱼在喊救命，它说自己快干死了，问我能不能给点水让它活命呢。我告诉鱼正好我要去南方游说，国王到时候把他们国家的水引过来

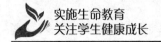

教它。鱼变了脸色愤愤地说：'我现在需要一点水就能活命，等你找水回来，你到干鱼铺子里找我吧！'"

这是成语"涸辙之鲋"的来历。关心和帮助他人，就是在别人最需要帮助时看到自己的责任。如果对别人的需要视而不见，或者是看见了却无动于衷，就是一种冷漠。冷漠是不可能建构美好生命关系的。有人说爱的反面不是恨，而是冷漠。美国教育家内尔·诺丁斯提出："教育的主要目的应该是培养有能力关心人、爱人并且可爱的人。"鲁迅说："无穷的远方，无数的人们，都与我有关。"关心，是一种重要的美德和能力。

日常生活中的生命教育还会体现在许多场合。谈论日常生活中的生命教育，目的在于唤起人们对于自己日常行为的自觉，需要形成统一的生活哲学和教育哲学。这样，我们就能够变得更有教育的力量，因为我们拥有更加完整的人格。

第三节　最好的生命教育是诚实

在对学生进行传统文化与生命的教育中，要用中国传统文化的一些先进思想启发学生，比如诚实守信。

《中庸》讲："诚者，天之道也。"诚是天道，是最根本的规律，人最好遵循，而不是违背。《中庸》还讲："至诚如神。"只有极其诚实的人才能充分发挥自己的本性，赢得他人的支持。

可以说，一个人生命的成长、事业的成功、内心的安宁以及人生的幸福都离不开诚实，但古今中外，不诚实的人，比比皆是；大千世界，不诚实的现象，时时发生。

比如《扁鹊见蔡桓公》中的蔡桓公，明明有病，拒不承认，结果一命呜呼。又如《狼来了》中的牧羊娃，自作聪明，故意撒谎，结果损失惨重。还如《皇帝的新装》中虚伪的官吏和麻木的大众，无中生有，异口同声，结果是小人得志，国王丢人。

从这些故事和事例中可以看出，不诚实的代价是巨大而沉重的，它害人害己，轻则造成自己丧失信用，重则危害社会，甚至导致人员伤亡。即便没有造成任何可见的危害，即便可以隐瞒所有的人，个人最终还得面对自己的内心，他无法隐瞒自己，那种不诚实的感觉会日夜侵蚀他，撕咬他，让他难以获得真正的喜乐和幸福。"诚则明矣，明则诚矣。"诚实就会明白事理，明白了事理就会做到诚实。真正诚实的人是聪明的，真正聪明的人也是诚实的。那么，如何才能做到诚实呢？

一是不忘初心。初心就是充满良知的心，就是天真纯朴的心，就是坚定地信奉爱与善的心，也就是赤子之心。孟子说："大人者，不失其赤子之心者也。"泰戈尔说："他们不寻求隐藏的财宝，他们不知道如何撒网。"可以说，不忘初心就是最大的诚实，也会带给我们最大的收获。俗话说"傻人有傻福"就是这个意思。"傻人"不是真的傻，他们只是一以贯之地遵循了"诚实"这个天道。

二是实事求是。诚实的人"不唯上，不唯利，不唯书，只唯实"，他们不会打肿脸充胖子，不会睁着眼说瞎话，更不会昧着良心撒谎欺骗，他们只是依据事实，呈现真相。就像童话故事里那个"手捧空花盆"的孩子，虽然在鲜花簇拥的孩子中，他显得另类和失落，但他没有弄虚作假，没有欺上瞒下，他的花盆中没有鲜花，但他的诚实就是一朵最美的鲜花。

三是知错能改。诚实的人不是不犯错，而是能够坦然面对和承认自己的失误并及时改正。诚实的人也不是一定"言必信，行必果"，而应"言不必信，行不必果，惟义所在"。谁都不能保证自己的言行完全正确，时时正确，最好的态度就是知错能改，而不是文饰是非。相反，虚伪的人才会死要面子，死不认错，死扛到底。他们固执己见，有了错误后，不是想着改正，而是掩饰、推脱、辩解，甚至错上加错。结果总是昏着迭出，满盘皆输。

《中庸》讲："唯天下至诚，为能经纶天下之大经，立天下之大本，知天地之化育。"陶行知先生说："千教万教教人求真，千学万学学做真人。"诚实地面对自我和世界，我们就有了蓬勃的生命活力，我们就找到了成就生命的秘诀。这，就是最好的生命教育。

第四节　实施体验教育，关注学生生命成长的生动实践

在深化教育教学改革发展中，重庆市教委员于近年提出了"卓越课堂"五年行动计划，以提升学生学习能力，促进学生全面发展，其中包括尊重学生学习的主体地位，重视非智力因素培养，激

发学生学习兴趣，培养良好学习习惯和品质。改进传统教学方式，引导学生学会观察，学会思考，学会质疑，学会探索。注重知行合一，引导学生会动手，学会交往、学会做人。在重庆市教委提出的振兴教育的五年行动计划中，核心内容之一是减负提质"1+5"行动计划。该计划提出开设实践大课堂，让学生学会基本的自理能力，还将在学生的科学素质、阅读、书法、演讲和英语五大方面提升综合素质。

在实施"减负提质1+5振兴教育行动计划"中，我校成功申报了规划课题"小学实施体验教育实践研究"。

基础教育课程改革十分重视体验教育。体验教育就是倡导"让学生对自我、社会和自然之间内在联系的整体认知与体验"，也是在中小学生中开展生命教育的重要内容之一。随着素质教育和课程改革的深入推进，教师如何有效地落实素质教育和课改要求，如何切实开展体验教育等，这些新情况、新问题不断涌现，教师心中的困惑也不断增多。体验教育课题研究无疑顺应了课程改革推进的需要，将课改过程中遇到的困惑和问题，以课题的形式呈现并予以探讨实践，进一步更新教育观念，不断变革教与学的方式，改善教育教学行为，有效推进素质教育和新课程改革的实施。学校开展的体验教育为学校实施的生命教育注入了新的活力，增添了新的内容。

一、生命教育注重以人为本，体验教育是人性化教育和培养创新型人才的需要

对于学生来说，教育的价值不仅仅是知识的积累，更重要的是人格的培育。学生作为一种特定的身份，学习是学生的中心任务，在应试教育的体制下，成绩几乎也成为学生学校生活的全部内涵。关注现实教育中的学生生活，关注他们接受教育过程中的真实的学习体验，应是现代教育不可忽视的问题，也是人性化教育必须具有的现实情怀。体验教育课题研究力图使教育符合人性化的要求，以便为学生的健全发展提供必要的教育保障。

通过体验式教学发现、开掘，提升学生潜能，促进学生认知、情感、态度与技能等方面的和谐发展，关注学生的生活世界和独特需要，促进学生有特色地发展，充分调动学生学习的积极性、主动性、自主性和创造性，最终实现小学生真实的生命成长，实现学生个性特长的发展，培养其创新思维能力和行动能力。

在教育上，传统教育过于注重知识的传授和继承，强调对教师、对权威的尊重和服从，不注重质疑精神和创新能力的培养。学生不是缺乏创新思想，根本的症结是不敢想，才导致了不会想的结果。体验教育体现生活的特质，让健康、快乐、自主的学习和自由地创造成为教育生活的主旋律，让学生在感受生活，体验人生的过程中成长发展。体验教育从根本上开拓学生的知识构建和创新思维，使学生真正成为有责任、有情感、有思想、有智慧的创新型人才。

二、体验教育是推动生命教育、建立学校现代教育管理制度的需要

本课题研究的体验教育不只是关注学生的学习和活动，还应在学校管理上也关注师生的内心体验。通过本课题研究，一方面，让教师积极投入到教研科研之中，引领教师专业发展和成长，体验教师的自身价值，增强教师的自豪感；另一方面，学校将探索构建一套体验式教育管理制度，增进教师之间的相互沟通和理解，增进学校的凝聚力，促进学校民主管理，建立现代的管理制度。

三、体验教育是促进学生认知、情感、技能发展的需要

体验教育实践研究是以人的发展成长为本，以生命教育为核心，探索小学生体验教育新思路，研究促进孩子自主体验的教育环境和有效途径。通过发现、开掘、提升学生潜能，促进学生认知、情感、态度与技能等方面的和谐发展，关注学生的生活世界和独特需要，促进学生有特色的发展，充分调动学生学习的积极性、主动性、自主性和创造性，最终实现小学生真实的生命成长；通过转变教师观念，树立"以人为本""体验成长"的教育价值观，让师生在体验教育中共同发展；通过课题的开发研究，践行学校办学理念，形成办学特色，培植学校精神，提升办学品味，打造品牌学校。

四、理论基础及依据

(一)理论价值

法国思想家、教育家卢梭主张"以行求知，体验中学"；杜威认为，"从做中学"是儿童的天然欲望的表现；我国著名教育家陶行知结合国情，强调"教育即生活"，这些观点实质上就是体验教育。《中共中央关于改进和加强中小学德育工作的通知》中指出："德育，对中小学生，特别是小学生更多的是养成教育。"养成教

育是"素质教育"的基础工程，需要为学生提供实践和体验的机会和途径，而体验教育就是落实养成教育的最理想的途径。因为体验教育是以体验为基础的教育方式，是组织和引导学生在亲身实践活动中，把做人做事的基本道理内化为健康的心理品格，转化为良好行为习惯的过程。因而，本课题的研究具有很高的理论价值。

(二)实践价值

1.有助于唤醒、发掘与提升学生的潜能，促进学生的主体发展

长期以来，我国的教育都是"灌输式""填鸭式"教育，学生很自然地被动接受，"过于偏重于知识教育，忘记了作为一个人的基本生活态度和对待事物"的教育，学生的潜能得不到应有的发展。体验教育则是让学生亲自参与或置身某种情景中，用心智去感受、关注、欣赏、评价某一事件、人物、环境、思想和情感等，从而获得知识、技能、情感而达到教育目的，真正让学生成为发展的主体。

2.有助于促进教师队伍素质的提高

体验教育的实施对教师提出了更高的要求，它需要教育者在活动开展前，进行更加精心的思考和设计，它需要教育者必须具备教育心理学的实用知识与技能，它要求教育者必须具备生活中的智慧，也必须具备理解每一个学生的独特感悟能力。只有这样，才能设计出符合学生实际和社会实际的多样性体验活动，才能在活动中时刻注意改变设计，以促进学生理性认识的形成。因此，体验教育的提出是对教师能力的一种挑战，它将促使教师首先进行知识更新和观念转变，从

而促进教师队伍素质的提高。

3. 促进学校的特色建设

我校是城区新建学校，没有文化底蕴，学校利用体验教育研究作为抓手，克服只重视给孩子讲道理、传授抽象知识，转向指导孩子亲身体验，获取直接经验，让孩子在体验中快乐、幸福地成长，从而实现学生体格的自然成长，生命的完整成长，心灵的本真成长，使学校的办学理念更加鲜明，有特色。因此，本课题有较大的实践价值。

五、核心概念及界定

(一)体验教育

"与冰冷的抽象概念相比，体验体现了一种身体的在场与参与，给人一种亲近感，还原了一个富有生命气息的生活世界。"陆游曾言："纸上得来终觉浅，绝知此事要躬行。"这就强调了体验教育的重要性。体验即实践，体现了一种身体的在场与参与，只有在亲身的实践体验中，才能获得最高的智慧与真谛。

通过实践来认识事物，让受教育者在实践中认知、明理和发展，既是指一种亲身经历的实践行为，即行为体验，同时，在行为体验的基础上受教育者发生了内化、升华的心理过程，即内心体验。体验教育依托这两者的相互作用，相互依赖，积极促进少年儿童的发展。体验教育既注重教育活动的形式与过程，更注重少年儿童这一实践主体的内心体验，它要求少年儿童用"心"去体验，用"心"去感悟，引导他们在体验中把教育要求内化为品质，外显为

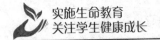

行为。

(二)小学体验教育

"读万卷书,行万里路。"学习知识的目的在于用于实践。小学是人们接受最初阶段正规教育的关键时期,是基础教育的重要组成部分,正确引导小学生参加必要的社会实践活动非常必要。"重新全面地认识教育理念,构建新的课堂教学观,让课堂焕发出生命力,我们要善于将理论与实践相结合,在课堂这个教育的实验田地,创新教学理论,改革教学模式,培养创新人才。"随着时代的进步,少年儿童的时代特征和教育环境发生了重大而深刻的变化。尤其是现阶段少年儿童,大多是独生子女,家长对他们众星捧月,事事包办代替,致使孩子从小缺乏必要的实践体验,很不利于孩子良好品格的形成。本课题中的实践是指在教育教学过程中,给学生创设各种各样的实践环境,在校内外、课堂内外通过广泛开展丰富多彩的体验活动,让学生有更丰富的情感体验、知识体验过程,使学生的情感态度、知识的获得、技能的培养得到最大限度的感悟和升华,并在实践中提高学生的人文素养、道德智慧和知识经验,使他们能够了解知识,运用知识;了解生活,创造生活;了解生命进而珍爱生命的历程,并在各种"体验"中获得成长的知识,习得成长的智慧,悟得成长的美德。

中国著名教育家陶行知结合中国的国情,强调教育即生活,为体验教育在中国的实践探索写下了浓墨重彩的一笔。在现代教育改革中,国内许多中小学开展体验教育有许多值得学习的经验。如,山东省枣庄市立新小学的构建1+1体验式课程体系提高学生综合素养。广州市番禺区星河湾执信中学开发的"体验快乐、传递快乐、感悟快乐"为核心的"体验周"特色活动课程，引导学生认识新学校，融入新集体，体验新课程，学会解决生活中遇到的新问题。山东省临朐县五井镇嵩山小学的李守祥教师自2000年新课改以来致力于体验教育实践与研究，走出了一条农村体验教育之路，形成了自己的研究体系。总之，教师应让学生"走出"教室，"走出"课本，进行"学习体验""行为体验"和"内心体验"，参与到社会实践中，在学习中体验，在体验中成长。

六、体验教育研究的目标和内容

开展的体验课题研究旨在研究一套适合小学的体验式学习方式、体验式教学模式以及体验式管理的策略。

(一)研究目标

1.体验式德育教育的实施途径研究

通过引导教师参与课题的研究，转变教师的教育观念，学会人文关怀，平等、民主的对待每一位学生。学校给学生创设各种各样的实践环境，开展丰富多彩的德育活动，丰富学生情感体验，提高学生的人文素养和道德智慧。

2.体验式教学策略研究

通过引导教师参与课题研究，全面改进课堂教学模式，遵循小学生认知规律，从小学生学到特点出发，由过去的教师主宰课堂变为学生参与探究，注重"民主、平等、参与、合作、和谐"的课堂

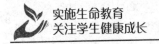
氛围的形成。

3.体验式管理的策略研究

通过课题的实施与开发，让学校建立现代化的学校管理模式，让教师们成为有思想的教师，让学生成为有创新精神、创造能力的人。

(二)研究内容

1.体验式德育模式

通过引导教师参与课题的研究，首先，转变教师的教育观念，树立"以人为本""爱育童真，教化心灵"的教育思想，从知识至上的功利思想中走出来；第二，学校给学生创设各种各样的实践环境，开展丰富多彩的德育活动，丰富学生的情感体验，提高学生的人文素养和道德智慧，使他们能够珍爱生命历程，并在各种"体验"中形成良好的道德品质；第三，师生齐参与、共体验，激发教师的创造热情，培养学生的学习积极性，培养学生良好的道德品质，使教师的主导性、学生主体性得到充分发展，让学校成为师生共历生命成长的家园。

2.体验式教学模式

体验学习是人类最基本的学习形式，在教育实践中，我校全面改进课堂教学模式，由过去的教师主宰课堂变为学生参与探究。我们遵循小学生的认知规律，从小学生的学习特点出发，注重"民主、平等、参与、合作、和谐"的课堂氛围的形成和学生体验学习动机的激发，重视学生的学习策略，引导学生愉快地学习，学生主动参与体验、讨论、操作，积极动手、动口、动脑，调动学生的多种感官，学生变学会为会学，提高学生灵活运用知识解决实际问题的能力，学以致用，学生的创造能力得到极大发展。因此，学生在体验教育实践中，不仅学会了知识，学会了学习，学会了做人，学会做事，而且拥有健康的身心、本真的心灵，真正实现了孩子的幸福成长。

3.体验式管理模式

通过课题的实施与开发，形成理念体系，践行我校的办学理念，体现我校的办学精神，积淀学校文化，提升学校的办学品味，形成自己的办学特色，让学校建立现代化的学校管理模式，让教师们成为有思想的教师，让学生成为有创新精神、创造能力的人。

七、体验教育研究的影响及成果

(一)体验式德育研究的影响与效果

真正使人"自由"的教育必须致力于理性与情感、理论与实践的平衡使用。自由的教育不仅要致力于发展学生的理解力与判断力，还必须致力于陶冶学生的情感和提升学生的判断力。学校以"让孩子的七彩之梦像花儿一样绽放"为办学理念，以学生社团活动为载体，培养学生创新精神和实践能力，让学生在多元体验和实践活动中幸福成长，通过体验式德育活动的开展，成果显著。学校也因此获得重庆市"家校共育立德树人研究实验学校"、重庆市"智慧校园"试点单位等荣誉。在2015年学校少年宫述职考评中，我校荣获重庆市一等奖；2016年荣获重庆市特等奖；少儿茶艺被评为特色项目；重庆市委宣传部也授予我校"红樱桃讲堂"。课题负责人周尚芬被重庆市宣传部评为"乡村学校少年宫优秀负责人"，课题主研王娅被评为"优秀辅导员"；师生参加各级各类竞赛荣获市区级一、二等奖600多人次。华龙网、江津网等新闻媒体多次到校专题采访，市、区级领导先后到校调研，都给予了高度评价。在这里，学生的个性得到了张扬，潜力得到了挖掘，特长得到了发挥，创造性才能得到了增长。

1. 环境熏陶体验法

学校大力加强校园文化建设，努力为学生创造良好的校园文化氛围，为学生营造一个健康、高雅的学校文化氛围。"让每一面墙壁说话，让每一块空地育人。"校园里，孩子们亲自画的灯笼挂满校园，孩子们亲手画的鹅卵石铺满校园，孩子们亲手画的画、写的字帖满校园，孩子们亲自种的花装扮着校园……美丽的东小校园，处处是孩子们的各项成果，处处是孩子们的欢声笑语。

2. 主题活动体验法

学校德体处在学期初和课题组成员一起共同探讨一学期的主题活动，让课题研究和学校的教育教学融为一体。结合我校以低段学生为主这一实际情况，每天开展"一语一事"体验活动，教会孩子做一件力所能及的事，学会一句温暖他人的话。两年多来，家长们、公交司机都觉得孩子们懂事了，也更文明有礼了。国庆节开展"做国旗、知国旗、唱国歌"活动，孩子们对爱国有了进一步的认识。世界粮食日开展"节约粮食光荣，浪费粮食可耻"的主题活动，让学生联系生活实际，感受"一粥一饭当思来之不易"，把节约当成美德。父亲节、母亲节开展"代爸妈当一天家"教育活动，敬老节开展"情满重阳"活动，让孩子们在亲身体验中明白长辈的艰辛，懂得对长辈的关爱。

3.岗位角色体验法

以班级活动为载体，制订体验活动实施计划，设计活动主题，开展体验活动，让学生通过观察和感悟，进行角色体验，袒露心声，剖析行为，从无意认知转为有意认知。我校设置更多的管理与服务岗位，实行岗位与轮岗。譬如：学生干部实行轮换制，让每个学生都有机会做班干部，让更多的学生参加学校各项管理，自行管理各项活动，促进学生形成自理自省自控能力，增强整体意识和责任意识。

4.评价激励体验法

学校不断创新德育工作管理机制，通过建章立制，全员育人，加强过程管理，科学考核评价，促进学生健康发展。我们通过开展自评和民主推荐的方式开展班级"十星"学生评比，通过孩子们自己的视觉选出班级最有代表性和最优秀的十星学生当作自己的榜样，不断提高学生的是非辨别力、自我约束力以及增强前进动力。

(二)体验式教学研究的影响与效果

两年来，我们的成果是显著的：课题负责人周尚芬校长在江津区小学质量提升研讨暨科研成果分享会上做了"加强基础研究，提升教学质量"的经验交流，在渝西片区和江津区做了"让孩子们在综合实践中快乐成长"的交流发言，还指导我校钟印教师参加江津区科学赛课荣获"一等奖"。课题主研王娅副校长在"一师一优课"中执教的《HAPPYNEWYEAR》荣获部级优课。课题主研人员唐静老师指导万美婷教师参加几江教管中心赛课荣获一等奖。课题主研人员何平老师带领学生录制的微课《一起学拼音》荣获国家级二等奖。课题参研朱玲老师带领学生参加渝西片区综合实践小课题研究汇报展示荣获"一等奖"。

1.体验式课堂，把学习主动权还给学生

我校在实施体验式教育实践中，积极做到使教育过程成为师生共同参与的、相互作用的过程。突出学生主体性特点，强调教师心系学生、尊重学生的独立人格，把学习主动权交给学生。课堂由教师主讲的"一言堂"变成学生认真思考、努力解决问题的"多言堂"，为学生提供更多的回答问题、讨论问题的机会。教师鼓励学生奇思妙想、质疑问难，从中寻找创新的火花。我校体验教育实施以来，师生双方都积极参与，教学氛围形成了比较完善的基础知识结构，进一步拓宽、挖深教材知识，培养学生能力，发展学生思维。

2.学生参加实践，营造创新氛围

学生创新习惯的养成离不开一次次实践活动，教学时采用体验式教学方式，学生的创新思维在不断尝试、不断纠正中逐步发展。体验式学习也创造了良好的学习氛围，大面积提高学生的学业成绩，促进学生的非智力因素发展。比如在科技、科学实验和劳动技术课的教学活动中，我校采取体验为主，坚持"启发式""探究式""体验式"的方法，学生的动手动脑能力得到发展，很积极地参与到课堂中去。例如，科学教师要求学生自己用温度计测量温度。一时间，同学们兴趣盎然，议论纷纷，积极操作。教师趁热打铁，要求学生根据自己小组的方案，然后亲自动手验证。结果，每组得出不一样的答案，教师又适时提出讨论点，到底是什么原因造成这样的结果？从而引导孩子们用正确的方式读温度计的得数。这样，不仅激发并保持了学生的兴奋劲儿，而且让学生在快乐中获得了知识，养成了能力。

3. 开展七彩课程，助力学生全面发展

"体验式课程是连接课本和实践的载体，是缩小学生知识和生活距离的'加速器'，是拉近学校、家庭和社会的距离的'催化剂'。"我校根据体验课堂模式，专门建立了"红橙黄绿青蓝"七彩课堂，教师的课堂教学变得更轻松了，学生学习兴趣更浓厚了，还培养了学生良好的学习习惯：课前预习习惯、倾听习惯、阅读习惯、合作习惯、思考习惯、质疑习惯、自学习惯、观察习惯、动手习惯等。学生有了正确的学习态度，掌握了正确的学习方法，提高了学习效率。《国家中长期教育改革和发展规划纲要(2010-2020年)》鼓励学校办出特色，办出水平，形成颇具个性的特色成为当前中小学校办学的方向，这也是时代发展的要求。正如朱永新教授所说："一所学校如果没有特色，就没有强劲的生命力，也就没有优势。课程构建要基于快乐衔接；课程实施，要关注快乐体验。让学

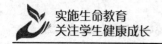
生快乐成长，促动学校新发展。"

(三)体验式管理研究影响与效果

1. 教师大讲堂体验，形成学校核心价值观

学校设立教师大讲堂，每周利用周一的教师例会开展活动。根据教研组具体情况，选定每周主讲教师，教师们在这里交流优秀教学案例、班主任经验管理、推荐一本好书、分享育儿经验、养生健康等。通过教师大讲堂，转变部分教师的思想，对学校产生认同感，形成学校主流意识，形成力往一处用，劲儿往一处使的良好局面，共谋学校的发展。

2. 多岗体验，唤醒教师自我效能感

学校是个大家庭，只有充分发挥每位教师在家庭中的地位，教师们才会有归属感。人尽其才的理念，在我校体验式管理中被发挥到极致。教师从"一岗一责"发展为"多岗多责"，即一人领多岗，负多责。各项工作落实到个人，充分挖掘教师潜力，使每一位教师在多个岗位上锤炼。这样，教师们的主人翁意识更强了，他们在学校找到了合适的价值定位，增强了教师的自我效能感。

3. 人文体验，培养教师对学校的信赖感

领导除了多用人，多示范，还要多鼓励，多交流，多走动。教师需要尊重，教师的人生更需要温暖。运用激励理论，从正面肯定和鼓励教师的爱校行为和举动，让教师在领导的欣赏中愉悦地工作。

第一，给予温暖言语。"良言一句三冬暖，恶语伤人六月寒。"温馨的语言，能使教师与领导真情相处。在语言上讲究艺术性，真正走近教师的心灵。遇到重大获奖时，学校领导及时给予鼓励，在会议上表扬，在短信上提示，利用温馨言语来指引教师的教育思想。

第二，举办教师活动。为了使每一位生活教师在工作之余享受生活，更加精力充沛投入工作中去，组织开展校园集体舞、广播操、打球、野餐、办公室文化环境评比等活动。

第三，了解教师心声。学校行政班子是教师进行教育教学工作的引导者、服务者和协调者，随时了解教师的心声，听取教师的意见，做好与教师的沟通，让教师愉快地工作。

4.竞争体验，激发教师的团队感

任何一个人只要缺少竞争都会缺少改变现状的动力。竞争能激发起激情、勇气。组织开展办公室、工会小组、青年教师学科团队间的评比活动，能有效激发教师的竞争意识。评比是手段，互助是方法，团结是结果。建立多样竞争平台，组织多种多样的评比活动，促进我校教师之间的互相比比、评评，从而激发内驱力。教师互相取长补短，我校教师团队精神才会日益壮大。

(四)体验活动能听见孩子成长的声音，看到孩子生命跳动的脉搏

东城小学以"体验教育、幸福成长"为中心，以体验教育为主线，以多彩活动为载体，积极引导孩童在"书香味"中获得成长的知识，在"生活圈"中习得成长的智慧，在"文明范"中悟得成长的美德，并把孩子的参与度和体验度作为考量各类活动的基本要求和评价

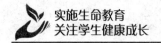
标准。

1．"书香味"中获得成长的知识

该校探索构建了"五步体验课堂"，形成了"体验热身、自主体验、合作体验、体验展示、拓展体验"课堂教学模式，让孩子在体验学习中获取知识。与此同时，学校还在各班开展《弟子规》等国学经典诵读活动，让传统文化熏陶学生。学校将诵读内容落实到实际行动中，每周一次评比汇报，教师在班级QQ群反馈评比情况，德育处采取定时和不定时抽查的方式将评比情况纳入班主任考核之中。

2．"生活圈"中习得成长的智慧

每周星期五下午是东城小学孩童们"选课走班"的活动时间，孩童们根据自身兴趣爱好，在学校开设的科技、手工编织、书画、种植、棋艺等39项实践活动中各得其所、各展其长……系列体验活动，培养了孩童们动手动脑能力、与人合作的能力和创新能力。

与此同时，该校还开辟了班级"一语一事"专栏和"我体验、我成长"主题文化墙，开创"一语一事"体验活动，即每天坚持说一句体贴关心他人的文明礼貌用语，做一件力所能及的事。精心设计班级文化，各中队以花命名、以花励志，营造以"七彩体验文化"为特色的校园文化氛围。

学校开展了"知国旗、制国旗、升国旗、唱国歌、庆国庆"爱国主义教育系列活动，每周升旗仪式以及各种重大节日庆祝活动均由学生主持，培养学生的动手能力与爱国主义情感。

学校各班还开展生态种植体验活动，开辟生态种植体验园。每个中队划分一块种植体验区，师生亲身体验种植，获得更多的生活体验。开展班级环保小卫士评选活动，环保教育进课堂，培养学生环保意识。

3. "文明范"中悟得成长的美德

学校开通"红领巾广播站"，每天宣传师生中的好人好事；各班举行"知雷锋"等形式多样的主题队会活动，让学生了解雷锋的先进事迹；开展红领巾志愿者活动，师生走进"九江敬老院"送温暖，让学生学会爱老、敬老；开展"情满重阳"为主题的孝亲敬长感恩教育活动，培养学生懂得感恩，养成孝敬长辈的美好品德；开展"人人争夺七色花"评比活动，评选"环保之花、文明之花、勤学之花、健体之花、艺术之花、纪律之花、助人之花"等东小"七色花"。

如今，东城小学这一全新育人模式，已被业界及社会各方称之为"能听见孩子成长脚步声"的"育人范式"。

绚丽七色花，幸福朵朵开。因为深植体验教育沃土，东城小学每一朵七色花都得到了最灿烂绽放。如今，"善学习""会创造""懂探究""勤体验""知礼仪""能担当"的代名词，已成为该校师生的特定标签。

短短几年，学校便以锐不可当之势，打造出当地小有名气的"体验教育"特色名片。近年来，学校以"学校文化创新校""家校共育立德树人实验学校"等不胜枚举的殊荣，在江津，乃至重庆

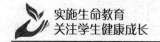
基础教育领域展现出创新育人的气象与实力！

八、让孩子们在综合实践中快乐成长

重庆市江津区东城小学校努力打造体验教育，着力培养孩子的创新精神和实践能力，以综合实践为抓手，积极推动学校的特色建设。

(一)崭新的学校，孩子成长的摇篮

学校从创办之日起，便确立了科学的育人理念，打造优秀的教师团队，让孩子们在东小这片乐土茁壮成长。

新理念，突出体验教育。为了培养孩子的综合素质，学校走"质量立校、特色强校、科研兴校、体验乐校"的发展路子，践行"让孩子在体验中幸福成长"的办学理念，引导孩子通过体验学习，获得成长的知识；体验生活，习得成长的智慧；体验心灵，悟得成长的美德，让孩子们在快乐体验中幸福成长。

新团队，强化综合实践。教师是孩子成长的领路人。打铁还需自身硬，教师们应不断加强学习，努力提高自身素质。在学科建设中，综合实践这门学科相对薄弱，很多人不太重视，但我校一开始就非常重视这门学科建设，教师们就特别致力于综合实践教育的研究。认真学习理论，了解小学综合实践活动课程的理念、性质、特点、目标、内容、原则、评价及管理。积极学习综合实践活动的成功案例，及时捕捉综合实践活动课程研究发展的新理论、新动态，借鉴成功经验。教师们走出学校，到双福、潼南、合川等区内外学校开展观摩、交流活动。学校还邀请区教科所的有关专家到校指导综合实践活动的开展，通过"走出去，请进来"的活动，促进了教师的专业成长。

综合实践已在我们这所崭新的学校生根发芽，辛勤的园丁定会让朵朵花儿竞相开放。

(二)有趣的探究性学习，带领孩子走向生活

学校提倡从孩子的生活实际出发，从孩子们感兴趣的话题出发，引导孩子们发现问题，分析问题，进而学会解决问题，从小培养孩子的动手能力和创新精神。

1. 课间活动探究

2015年，由于学校正在进行二期工程建设，孩子们的活动场地受限，为了让孩子们在有限的空间内开展安全、快乐地活动，学校便提出"如何开展有益的课间活动？"这一问题让大家探究。教师和孩子们一起开展了调查、研究、设计，创新了课间活动的形式，"苹果蹲""丢手巾""我们都是木偶人"等符合学校实际的愉快的课间活动。

2. 植物生长探究

孩子们入学时便将自己喜爱的盆栽植物带到教室去培植，各中队也在学校的生态种植园种下了蔬菜瓜果。在中队活动中，教师提出："怎样才能让我的植物长得更好呢？"孩子们在教师的带领下，行动起来。有的孩子去图书馆查阅书籍，有的孩子上网搜索，有的孩子去请教会种植的园丁……通过这些，他们得知，原来有些植物是喜阴的，就要放在阴凉的地方；有的植物是喜阳的，就得多

搬到室外晒晒太阳；有的需要保持水分充足就要给它们常浇水。教师耐心地指导孩子们填写观察记录。通过自己的学习和教师的指导，孩子们把自己的植物养得美美的。学期完毕，各班开展了种植评比，有的孩子被评为了"种植之星"，有的孩子被评为"种植能手"，还有的被评为"种植大王"。孩子们捧着奖状，看着美美的植物，脸上乐开了花儿！通过对植物生长的探究，让他们从小就养成爱观察、爱动手、爱生活的习惯。

3.校园生活处处有探究

针对如何培养孩子阅读兴趣的问题，教师带领孩子们积极探究，通过调查、分析、整理，想出了很多促进同伴读书的方法，如"漂书"活动、"亲子阅读"等，有效激发了孩子阅读有益读物的兴趣，调动了其阅读的积极性。针对食堂菜谱如何满足孩子需求的问题，教师带领孩子们进行"我最喜欢吃的菜"的调查、研究，制订出了学校每周菜谱。通过综合实践研究，培养了孩子通过多种途径获取信息、整理与归纳信息并恰当利用信息的能力。

教育家陶行知先生曾提出："生活即教育。"教育在种种生活中进行，孩子在生活中用自己的眼睛观察生活，用自己的心灵感受生活，用自己的方式去研究生活，学校把综合实践变成了孩子喜欢的、真实有效的生活课程。

(三)多彩的实践活动，促进孩子成长

学校充分利用各种资源，引导孩子们开展丰富多彩的综合实践活动。

"一语一事"，在生活中实践。学校结合体验式教育，创设了"一语一事"体验活动，即每天坚持说一句有意思或关心体贴他人的话语（如："爸爸、妈妈，您辛苦了！""老师，您好！""同学，你好！"等），做一件力所能及的事（如：洗碗、拖地、整理自己的房间等）。每天各班学生汇报自己"一语一事"说的什么，做的什么，以此引领，让孩子们通过说与做去获得自己的真实体验。各班在教室开辟"一语一事"宣传栏，利用早教育对孩子们宣讲本周活动的要求，并通过集会汇报、家长反馈等形式检查活动开展的效果。目前，孩子们见到教师、见到客人主动大方有礼貌地问好、打招呼已成习惯，每天都能做一件力所能及的事情，"一语一事"活动成效显著。

第一，寻找春天，在自然中实践。

教师组织孩子们到鼎山公园春游，一路上孩子们不停地问："这花叫什么呀？""这花怎么是蓝色？这花怎么又是黄色的呢？"……教师耐心地为孩子们一一解答。春游归来，孩子们迫不及待地拿出画笔，画出自己心中的春天，想将春天永远留住。回到家里，孩子们兴致盎然的和家长分享春游的快乐，说出了很多以前叫不出名的花草树木来，家长感到欣喜万分，春游活动让自己的孩子增长了见识。

第二，以技促能，在兴趣中实践。

每周星期五是孩子们最盼望的日子，周五下午半天，学校根据孩子的兴趣爱好，开设了科技、手工编织、书画、种植、演讲、棋艺等十余项实践活动课程。科技组的孩子，利用吸管、雪糕棍、瓶盖等废旧物品，制作出了木房子、桌面玩具、小汽车等。种植组的孩子们在"生态种植园"里，除草、翻土、施肥，俨然一个个种植小专家。编织组的孩子们拿着毛线、织针的认真样，就像一个个编织小能手。通过这些活动，培养了孩子们动手动脑能力、与人合作的能力和创新能力。

第三，感恩惜福，在节日中实践。

国庆节，学校开展了"知国旗、做国旗、升国旗、唱国歌、庆国庆"等爱国主义教育系列活动。孩子人人参与国旗制作，家长和教师指导。孩子亲自动手剪旗面、五星，贴五星，个个都制作出了一面面精美的小国旗。通过这一实践活动，孩子们了解了国旗，培养了他们的爱国主义情感。清明节，各班开展清明节主题班会，使孩子们了解清明节的具体日期和由来，知道了清明节要祭拜祖先、烈士。教师还组织孩子们学做小白花，到艾坪山烈士陵园举行扫墓活动，让孩子们懂得了要不忘先烈、珍惜今天的幸福生活。

孩子在喜闻乐见、形式多样的综合实践活动中亲身参与实践，在活动中获取知识，丰富生活，愉悦身心，陶冶情操，使他们形成丰富、鲜明的个性。

(四)奋进的东小，给孩子插上腾飞的翅膀

走在前进路上的东城小学正积极探索，践行体验教育理念，打造体验课堂，进行实践研究，力求从孩子真实的生活和心理出发，开展丰富有趣的综合实践活动，让孩子们在活动中去经历、实践和创造。我们欣喜，东小学子正茁壮成长，东小的综合实践活动已结出青涩的果子，不久的将来定会硕果累累。我们坚信，东小七彩的综合实践活动定会给孩子们插上腾飞的翅膀，让他们在蔚蓝的天空中自由翱翔。

九、东城小学体验课堂"五步曲"

体验是指向每一个个体，让每一个个体都经历学习过程，引起个体心灵的震撼、内省、反思，激发对学习材料的独特领悟，将个体独特的心理内容、体验的个性特征得到充分展现。它是一种将新的学习材料与学生已有积累相联结的学习方式。体验教学可以活跃教学气氛，满足学生的表现欲、求知欲、发展欲，让学生真正成为课堂的主体。体验课堂教学"五步曲"，具体步骤如下：

第一步：创设情境 体验热身。

学习是一种有意义的行动，是一种需要有激励，推动他们去学习的内部动力，从而达到学习目的，而这种内部动力产生于学习需求。只有当学生有了学习的需求和愿望，才会出现一种激励、推动自己去学习的心理力量，积极主动地参与学习活动。为了满足这种需要和愿望，在教学中，从学生的身心发展特点考虑，把学生应学习的知识尽可能地联系学生的生活或学习实际，创设体验情境，启动学生的心理需求，激活学生相应的认知结构，引导学生主动体验。

第二步：自主体验 初展成果——预学、展学。

体验教学关注个体差异，提倡自主选择。学生根据自己的兴趣爱好和能力倾向，对所学内容可自主选择体验的方式。如探究进位加法时，学生可用摆小棒的方式、口算的方式，从算理的角度去解释，竖式计算，探究进位加法的算法。

学生汇报交流已掌握的知识，帮助教师了解学情，确定下一步指导的内容和方法。

第三步：合作体验 知识建构——导学。

学生在开放的情境中，在教师的引导和学习伙伴的合作帮助下，利用必要的学习材料，通过自己亲身实践的方式建构知识意义。在这一环节中，通过生生合作、师生合作等方式，学生在教师有意识的引导下，将零散的知识系统化、深入化。

第四步：体验展示 感受成功——小结练习。

学生掌握新知识后，为使学生对所学新知识当堂理解，当堂消化，应及时进行巩固练习。学生对学习成果的展示，可采用小组、个人等方式。在展示的过程中，既是对新知的巩固，同时也是自我、教师、学生对自己学习成果的肯定，体验到学习成功后的乐趣。

第五步：拓展体验 生活应用。

课堂学习完成后，教师提出相关内容拓展方向，同学们可根据自己的情况在课后完成这些拓展练习。拓展体验不仅是时间和空间的延伸，更是学生学习内容、学习形式、学习方法的扩容增加和优化发展，是对学生学习的全方位的促进。通过拓展体验，提高学生灵活运用知识和技能的能力，培养创新能力。

十、实施体验教育与生命教育有效结合的体会

南宋诗人陆游的诗句"纸上得来终觉浅，绝知此事要躬行"，就是告诉人们获取真正的知识一要"花气力"，二是"要躬行"。

当可爱的孩子们跨入美丽的东城小学，翻开生命成长灿烂的那一天起，就开始积蓄幸福成长的力量，同样需要主动体验，积极探索。

"花力气"的体验，是要用好手与脑，不做知识的奴隶，学会驾驭知识。"开卷有益"，首先要学会翻书阅读；"临渊羡鱼，不如退而结网"，最好先练好基本功。在学习和生活中，教师引导孩子们做自己力所能及的事情，相信自己"我体验、我能行"；需要伙伴一同完成的任务，"我们共追求、我们齐努力"。

"要躬行"的体验，是要用身体来感触，用心灵来感受，用生命来领悟。让我们的孩子从小养成好的学习和生活习惯，去培育一棵幼苗，和它一起成长；试着为父母做一顿可口的饭菜，让长辈感受东小学子的一份爱；生命是拔节的历程，生命是一次多彩的旅程，我们的孩子们就是在随时随地体验成长的酸甜苦辣。

千里之行，始于足下，从迈出第一步开始，我们的学子就与理想越来越近。成长是自然而然的历程，更是充满惊喜、风光无限的旅程。

我们东小可爱的学子"乐学静思 合作探究"，沐浴着爱的阳光，主动、积极、活泼、开朗地一天天长大成人。我们东小的每一位教师"爱育童真 教化心灵"，充满对生命的期许，乐观、仁慈、

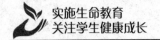

宽厚、幸福地时时刻刻进步。

十一、建议

今后的体验式德育、体验式教育教学、体验式管理，我们将努力由零散、随机的教育教学设计逐渐向系列化主题班会过渡，针对教育的方向深入某一个教育问题进行设计与实施。

希望课题结束后，课题组成员仍然能有更多的机会集中交流，更希望通过学校的宣传和推广，有更多有兴趣的教师带领他们的班级参与到体验式教育教学的设计与实施中。集我校所有教师的智慧，让我们的课题内容更丰富，让"体验式"教育教学管理开展范围扩展得更大。

希望能有更多有兴趣的教师为我们提出意见和建议。课题虽然结题，但我们的工作才刚刚起步，我们将继续努力深入研究，让我们的体验式主题教育活动开展得更有教育意义，更有效果！

第 六 章
以生命教育为载体，
认真开展道德与法治教育

第六章 以生命教育为载体,认真开展
道德与法治教育

生命教育的核心是关注学生的身心健康,幸福成长,教育学生热爱生命,树立正确的人生观和价值观。但是,一部分青少年轻视生命,道德情怀、法治观念严重缺失。近年来。我国未成年犯罪案件呈现出低龄化、复杂化、暴力化的趋势。究其原因,这与中小学生法治观念淡薄,道德教育欠缺有着密切的关联性。在当下社会背景环境下,中小学思想教育过程中,要注重把握法治教育和道德教育的重要性,将二者进行有机融合,从而对中小学生做好有效的教育,以降低未成年犯罪发生概率,帮助中小学生树立正确的人生观和价值观。在实际教育工作开展过程中,不应仅围绕中小学生成绩展开教育,而且要拓宽教育视野,关注学生的身心发展,使法治道德建设工作渗透于中小学生生命教育中,从而促进中小学生更加健康地成长和发展,对中小学生的价值观念做好有效的指导。

第一节 以生命教育超越和提升道德法治教育

传统的道德教育是建立在这样一个假设基础之上——其对象是

"不道德"或"缺乏道德"的。更确切地说，就是"儿童是没有道德或者是不道德的"。在这一假设中，其实暗含了对人的不尊重与不信任。因而道德教育就不可避免地陷入了一种自相矛盾的境地：用不道德的动机去帮助别人变得道德。道德教育也就难以避免外在化、社会本位和成人中心。

我们推崇生命教育，主张用生命教育超越和提升道德教育。生命教育以"人性向善"为基本的价值预设，以学生的当下生活为出发点，它强调用生命去温暖生命，用生命去呵护生命，用生命去滋润生命，用生命去灿烂生命。在生命的根基上确定起人的内在的不可让渡的尊严，树立起生命神圣的观念。生命化的教育在学生的实际生活中进行，关怀学生生活，关切学生生命质量，帮助学生在多元化的生活和不确定的价值取向中使之向善，并要创造良好温馨的制度环境与氛围使人能够"抑恶向善"，而不是时刻阻止"恶"的发生。我们倡导把人性中最善良、最美好、最纯真的东西植入孩子的心田，让孩子在渐渐成长的过程中凝聚"人情味"，富有同情心和正义感，感受生命的珍贵、丰富和美好。

生命教育理念下的德育是一种新德育。从目标追求来讲，新德育是服务于完整的人的成长的德育。道德发展是一个人的发展的重要方面。从一定意义上说，德育是教育的方向与灵魂，因为它更集中地体现着我们的教育究竟要为一个怎样的社会培养怎样的人。新德育与生命教育是一致的，强调为学生的幸福人生奠基，为自由社会培养人，而不是把它作为塑造某种工具的手段。新德育摒弃一切形式的假

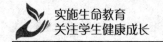
大空与伪崇高，它把"讲礼貌，守规矩，爱整洁"作为对所有国民的要求。

新德育注重培养学生理性的、自主性的道德判断和道德选择能力。道德更多存在于有价值冲突的情境相关联之中。如果一个人的学识修养、学问修养很差的话，你要说他道德很崇高，这是很难被认可的。所以我们要反对道德蒙昧主义。柯尔柏格讲道德其实也是一种推理，道德推理的能力基于人普遍认知能力的发展。

为了发展学生的道德感，首先我们要相信每个人都有做一个好人的需要，孩子很小就会表现出这点。其次，我们要创造一个温馨的社会生活环境，创造宽松、宽厚、宽容的社会生活氛围和学校生活氛围，去唤醒人们内心美好的东西。如果一个人总受歧视，总受别人的欺骗蒙蔽，总受别人的压迫，他就会在内心生出一种仇恨来。第三就是要创设丰富学生道德体验的情境。有很多的案例都说明道德感是基于体验而提升的。

第二节　构建中小学生法治教育与道德教育的有效机制

从当下中小学生法治教育和道德教育来看，对法治教育和道德教育的关联机制把握不足，二者之间缺乏有效联系，从而影响到了法治教育与道德教育的效果。针对这一情况，中小学生开展法治教育与道德教育过程中，要注重寻求二者之间的关联点，将二者进行有机融合。在法治教育中渗透道德教育，在道德教育中融合法治教育，通过二者的相辅相成，以提升法治教育和道德教育的效果和质量。

一、当下中小学生法治教育与道德教育现状分析

当下中小学生法治教育与道德教育工作开展过程中，对这一问题的关注点相对较低。学校教育更加注重于学生的成绩，对德育方面的关注度较低。这导致学生德育教育存在着诸多问题和不足。从中小学生法治教育与道德教育的现状来看，主要表现在以下几个方面：

(一)文化课成绩重视程度过高，德育建设关注严重不足

当下，中小学生教育工作开展过程中，学校对学生的文化课成绩关注度较高，教育工作主要围绕文化课展开，对学生其他方面的关注度相对较低，如法治教育、道德教育等。这导致学生教育存在一定的片面性，不利于学生健康地成长。学校在对学生评优的过程中，也主要围绕学生的成绩展开，对学生道德、法制观念等关注度较低，使学生忽略了自身的道德素质和法治意识。同时，现在社会招聘机制也主要围绕学生的能力开展，而判断学生能力的标准主要以学生的成绩为参考点。受此影响，学生本身对道德教育和法治教育缺乏关注，学生综合素质相对较差。

(二)法治教育与道德教育局限性较大，实践教育存在不足

中小学生法治教育和道德教育工作开展过程中，对法治教育和道德教育主要依照书本进行，授课内容主要围绕思想品德课程进行设置，受到教育大纲局限性较大，缺乏与社会生活进行关联，理论

教育特点突出。受此影响，在开展法治教育和道德教育的过程中，学生主观能动性缺乏有效发挥，无法对理论知识进行更好地理解和掌握，从而限制了法治教育和道德教育的效果。

(三)法治教育和道德教育缺乏联系，二者孤立存在

中小学生法治教育和道德教育工作开展过程中，缺乏对二者的有效关联，导致二者孤立存在。在教学过程中，教师单一地围绕法治教育或是单一地围绕道德教育展开教学，对二者的关联性缺乏把握，这使法治教育和道德教育效果欠缺，不利于提升学生的综合素养。从当下学生的情况来看，大部分为独生子女，学生思想单纯，容易受到外界环境的影响，学生的法律意识比较淡薄。同时，互联网信息技术时代的到来，学生在上网过程中大量不健康的社会信息对学生思想影响较大，学生无法对网上信息进行有效分辨，导致一些学生模仿违法犯罪行为，从而使我国青少年犯罪低龄化案件增多。从这一情况来看，单独地开展法治教育或是道德教育，已经无法有效提升学生的素质，对学生成长影响不大，必须把握二者之间的关联性，做好有效连接，从而更好地提升学生的法治意识和道德素养。

二、中小学生法治教育与道德教育融合的必要性分析

结合当下中小学生法治教育与道德教育孤立的问题，对二者进行联合，使法治教育和道德教育进行融合，对于提升中小学生素质，帮助中小学生树立正确的人生观和价值观来说，具有十分重要的意义。关于中小学生法治教育与道德教育融合的必要性，主要表

现在以下几个方面：

(一)社会经济发展的必然要求

现阶段，中小学生大部分是独生子女，从小娇生惯养，缺乏社会锻炼，这使中小学生普遍早熟，容易受到外界不良信息的影响，缺乏一定的法律意识。同时，随着社会经济的快速发展以及科学技术的进步，中小学生上网的人数较多，而网络本身具有一定的开放性，各种信息充斥其中，一些不良信息对学生的思想道德素质产生了较大的影响。中小学生由于缺乏社会经验，对这些信息缺乏有效的辨识，导致一些中小学生违背法律道德，出现违法犯罪、有违道德的行为。针对这一情况，加强中小学生法治教育和道德教育，使二者进行有效融合，可以帮助中小学生树立正确的人生观和价值观，使学生正确看待社会事务，形成一定的判断能力，更好地对自身的行为进行约束。

(二)中小学生成长的必然需要

结合中小学生成长的情况来看，中小学生处于青春期、叛逆期，叛逆心理极强。这一情况下，导致中小学生的行为受到外界影响较大。在中小学生成长的过程中，其自尊心较强，希望得到外界的关注和认可。但是中小学生缺乏正确的判断，很可能为了博人眼球而做出一些离经叛道的事情，以博取他人的关注。从这一情况来看，主要是由于中小学生缺乏有效的法治教育和道德教育导致的。加强法治教育和道德教育，帮助中小学生树立正确的人生观和价值观，对于促进中小学生健康成长和发展具有重要的影响。因此，中小学生必须要加强法治教育和道德教育，使二者进行有机融合，帮助学生树立正确的人生观和价值观，以促进中小学生健康地成长。

(三)法治教育与道德教育互补

法治教育与道德教育具有一定的互补性，一些法律问题的出现，主要是超过了道德的界限。一些违反道德的事情并没有超越法律的界限，针对这一情况，需要做出区别性的对待。由此可见，法治教育与道德教育之间具有一定的互补性，将二者进行有效融合，使学生对法律界限和道德界限进行有效区分和把握，能够更好地提升学生的素养，帮助学生树立正确的法律观念和道德观念。因此，在中小学生德育教育工作开展过程中，必须将法治教育和道德教育进行融合，通过对比、融合，加深学生法治意识和道德素养的培养，对学生的行为做出有效的规范，以便更好地促进学生的成长和发展。

三、中小学生法治教育与道德教育融合对策分析

在中小学生思想道德教育工作开展过程中，法治教育与道德教育融合具有一定的必要性。在实际教学工作中，需要将二者进行有效融合，把握法治教育与道德教育的路径，从而帮助学生树立正确的人生观和价值观，以促进学生更好地成长和发展。关于中小学生法治教育与道德教育的融合对策，具体内容如下：

(一)注重全面、全方位地考虑，加大二者融合力度

中小学生法治教育和道德教育是思想政治教育的重要组成部分，对二者的融合，要把握各自的特点和各自的关联性，从而使法

治教育和道德教育进行有机结合，以促进中小学生法治意识和道德素养的提升。对此，需要将二者看作统一整体，在法治教育中进行道德教育渗透，在道德教育中融入法治教育内容，使二者相辅相成，更好地培养学生的法治意识和道德素养。在全面、全方位促进法治教育和道德教育融合过程中，要注重把握以下几点内容：

第一，法治教育和道德教育的融合。在意识层面要做好把握，使中小学生意识到法治和道德的关联性，对法治和道德之间的界限予以有效把握。在法治、道德教育过程中，需要借助于实际的案例，通过采取案例分析的方式，让学生对道德和法律之间的临界点进行把握，能够对法律问题和道德问题有一个明确的区分。同时，在利用实际案例过程中，教师要做好有效引导，对法律问题进行剖析，将一些法律问题的原因——道德问题进行融入，使学生意识到道德素质对法律的影响，从而对道德问题和法律问题的关联性予以有效把握。

第二，在进行法治教育和德育教育融合过程中，要注重寻找道德教育与法治教育的融合点，强化学生对法律知识的理解，将道德与法治进行紧密结合。在这一过程中，中小学生法治教育与道德教育融合时，教师要注重创新教学模式，通过利用互联网信息技术，以播放小视频、图片讲解的方式，提升道德教育和法治教育的趣味性，吸引学生的注意力，以更好地提升教学效果。

第三，全面、全方位地帮助学生树立道德法治观念。在对学生面对的各种问题进行分析过程中，立足于道德和法治两个方面，将

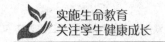

二者进行综合，对问题进行透彻的分析，以此作为出发点，使道德教育和法治教育融合地更加紧密，以促进相关工作地开展和推进。

(二)立足课堂教学，做好理论知识传播

在进行道德教育和法治教育过程中，理论知识的传播是其中的一个重点。通过对法治知识和道德知识进行传播，使学生对相关理论知识进行了解，更好地指导自己的实践活动，对自身的行为进行有效约束。课堂是法治教育和道德教育开展的重要场所，教师是开展法治教育和道德教育的引导者。这一过程中，需要充分发挥教师的引导作用，让学生对道德理论和法律理论知识进行理解，从而对自身的行为进行有效指导。在课堂教学过程中，首先，教师要将道德教育和法治教育的关联性做好宣传，帮助学生树立二者融合的意识，让学生意识到道德与法治之间具有密切关联性，二者不可分割。在教学中，教师要注重结合具体的案例，使法律知识在道德教育中进行有效渗透，帮助学生对相关法律条文进行理解，避免机械教学。中小学生在学习法律知识时，由于中小学生自身的理解能力有限，难以意识到法律知识与道德教育的关联性。教师通过案例引导，将时事热点进行引入，帮助学生进行分析。通过有效的课堂教学，加深学生对法律知识的理解，建立起道德教育与法治教育之间的关联性。其次，在进行法治教育与道德教育融合过程中，生活化教学是提升学生理解能力的关键。在这一过程中，教师可以将生活与法治道德教育进行结合，从道德层面、法律层面对问题进行分析，潜移默化地对学生进行影响，使学生意识到道德教育与法治教育之间的密切关联，从而在理解问题和思考问题过程中，能够更好地从二者结合的角度出发，使法治教育和道德教育取得更好的效果。

(三)加强小组合作，引导学生自主探究

中小学法治教育与道德教育的融合，要坚持学生的主体地位，从学生角度出发，让学生对问题进行探讨和思考，以提升教育效果。中小学生法治教育和道德教育的有机融合，需要让学生进行探究，加深学生的理解。在教学中，可以通过小组合作学习的方式，让学生对问题进行探讨。如围绕生活情境，让学生以合作学习的方式，对生活情境中涉及的法律问题和道德问题进行分析，并探寻二者之间的关联性。教师在这一过程中对学生做好引导，使学生自主地进行探究问题，提升学生的实践学习能力。借助于这一方式，可以有效地提升学生的自主学习能力，对问题进行深入的思考和探究，从而更好地把握法治教育和道德教育的内在关联，从二者融合角度思考问题和解决问题。在小组合作、自主探究模式下，学生分析和理解法治教育和道德教育的关联，进一步加强了知识的融合，从而提升思想道德，使思想道德得到升华。

总之，中小学生思想教育工作开展过程中，要立足于法治教育和道德教育的有机融合，全面、整体地进行问题思考和分析，把握法治教育和道德教育的契合点，使二者进行结合，以更好地提升思想教育的效果和质量。在这一过程中，教师要做好宣传，提高学生的意识，并在教学工作开展过程中，使法治教育在道德教育中进行渗透，并将道德与法治的界限说清，通过让学生实践分析、合作学习，提升学生的道德素养和法治意识，以更好地促进学生的成长和发展。

第三节　生命教育的新形势下中小学
道德与法治教育的对策措施

在新的社会经济发展形势下，中小学道德与法治教学工作开展，要立足于中小学生的实际情况，对传统教学方法进行革新，突出学生的主体地位，从而更好地激发中小学生的学习兴趣，使中小学生在学习道德与法治知识过程中，能够更加积极、主动地学习道德与法治知识，从而推动学校生命教育的深入开展。

一、新形势下在生命教育中深入开展中小学生道德与法治教育的新要求

(一)道德教育与法治教育相融合

结合道德与法治教学的实际情况来看，在进行道德教育过程中，会涉及一些法律问题，而法律问题中也涉及了一定的道德问题。如何对法律和道德进行有效区分，对于学好道德与法治相关知识而言具有重要作用。因此，新形势下中小学道德与法治教学工作开展，要立足于道德教育和法治教育之间的关联性，使二者进行有效融合和渗透，以帮助学生弄清楚道德、法治界限和相关问题，使道德与法治的教学效果得到更好的提升。

(二)注重突出小学生主体地位

随着新课改的不断深入发展，教育教学工作开展以学生为核心，使教学更具针对性，以培养学生的学科素养。新形势下中小学生道德与法治教学工作开展，要以小学生作为教学工作地核心，使教学方法的选择更具针对性，从而有效地调动小学生学习的积极性和主动性，使小学生能够对问题进行自主探究，以增强小学生的学习能力，对相关知识进行更好地理解和掌握。在开展道德与法治教学时，教师要做好课堂控制，对小学生进行有效引导，使小学生更好地参与到课堂学习当中，以提升道德与法治教学的效果。

(三)加强对信息技术的应用

21世纪是信息技术时代，信息技术对于人们的生活产生了重要的影响，加强信息技术与教学工作地结合，可以使教学资源更加丰富，从而对小学生进行有效引导，以提升教学效果和教学质量。在这一过程中，教师需要具备一定的信息素养，能够将信息技术在实际教学中进行结合和渗透，对教学工作进行更加有效地推广，以调动学生学习的积极性，促进道德与法治教学效果的提升。

此外，新形势下中小学生道德与法治教学工作的开展，教师要注重对自身的观念进行转变，把握当下形势的变化，使道德教育与法治教育进行紧密地结合，把握二者之间的关联性，从而推进道德与法治教学工作更好地发展，符合当下形势发展需要。

二、新形势下中小学生道德与法治教学的对策分析

在开展道德与法治教学工作过程中，要注重对社会经济形势和教育形势的把握，牢牢把握以学生为中心的教育理念，突出学生的主体地位。在教学过程中，要注重发散学生的思维，对学生进行有效引导，以调动学生的积极性，使学生更好地探究思考，促进学生能力的提升。关于新形势下中小学生道德与法治教学工作开展，应注重把握以下几点内容：

(一)强化自主学习，进行合作探究

道德教育与法治教育之间具有密切的关联性，二者不可分割，将道德与法治进行紧密的结合，是中小学道德与法治教育工作开展必须把握的一个重点内容。在实际教学过程中，为了更好地突出学生的主体地位，要让学生进行自主的学习，能够围绕道德与法治的相关问题，进行思考和探究。新课改要求教师尊重学生的主体地位，发挥学生学习的主观能动性，将课堂交给学生。针对这一情况，教师在开展教学工作时，要注重让学生进行独立的学习，并传授给学生有效的学习方法，使学生能够有效完成教师布置的学习任务。通过学生自主学习，使学生围绕道德与法治知识点，对知识进行总结和探讨。强化学生自主学习过程中，要注重为学生营造良好的学习氛围，调动学生学习的积极性。对此，教师可通过开展合作学习的方式，使学生进行自主学习。中小学道德与法治教学过程中，涉及很多具有探索性和实践性的内容，对这些内容的学习，需要学生更好地参与进来，通过自主探究学习，实现对相关知识点的理解和认知。教师应根据学生的实际情况，对学生进行分组，每个小组设置一名组长，代表组内成员进行发言。每个小组成员围绕教师布置的学习任务，对知识进行学习和探讨。小组成员需要对自己的观点进行表达，之后组内进行探讨，达成一致共识。通过合作探究的方式，使每一个学生参与到道德与法治学习当中，并对自己的观点进行表达，加深学生对知识的理解和掌握。通过利用小组合作学习的方式，让学生进行合作探究，使每一个学生参与到道德与法治课堂当中。这一过程中，给学生充足的时间进行思考和探究，把握学习的重点，对学习的难点进行思考，以增强学生的学习能力和探究能力，提高道德与法治教学的效果。

(二)把握学生主体地位，有效设计学习方案

在中小学道德与法治教学过程中，为了更好地提升教学效果，要注重从学生的角度出发，对学习方案进行针对性的设计。教师在这一过程中，要把握新形势下中小学道德与法治教育的需要，按照学生可接受的思维方式进行备课，并对教学方案进行创新，提升学生的学习兴趣。通过这一方式，可以激发学生的求知欲，让学生对道德与法治知识的学习产生兴趣，更好地投入到知识的学习当中。从学生角度出发，进行学习方案的设计，可以把握学生学习道德与法治知识的实际情况，更好地发现问题，做出针对性的调整。例如在开展道德与法治教学过程中，对尊重父母这一内容教学时，可以先让学生谈一谈家庭生活中的故事。学生结合自己的实际情况，指出如何孝敬父母，应该为父母做些什么，自己的行为是否符合中华传统美德的规范。通过对学习方案进行针对性的设计，将生活与学习进行结合，使学生理解教学内容，并促进学生学以致用。在进行

学习方案设计之前，教师要对学生的实际情况做好把握，能够对学生的兴趣关注点进行分析，使学习方案的设计更加贴合学生的具体情况，促进学生更好地参与到学习当中。

中小学道德教育与法治教学过程中，要注重结合具体案例，将生活引入到道德与法治课堂，使学习方案设计更具针对性，让学生结合生活实际，对知识进行理解和探讨。通过这一方式，拉近学生与知识学习的距离，尊重学生的情感体验，从而活跃课堂氛围，突出学生的主体地位，更好地提升道德与法治的教学效果和教学质量。

(三)着眼学生整体素质提高，寻找有效切入点

中小学道德与法治教育工作地开展，要着眼于学生的整体素质，把握道德与法治之间的关系，从而有效寻找教学切入点，提升道德与法治的教学效果。在这一过程中，要把握道德与法治之间的关联，并立足课堂教学实际，对学生做好有效地引导。在具体教学过程中，可从以下几个方面进行把握：

1.借助法律评价进行道德考察

中小学道德与法治教学工作的开展，要立足于教材内容，借助于教学案例，帮助学生对相关知识点进行更好地理解和掌握。在这一过程中，要明确道德、法律之间的界限，能够明白哪些属于道德的范畴，哪些属于法律的范畴，做好有效的区分，才能够使道德与法治教学效果得到更好的提升。例如在对"家庭美德"这一内容展开教学过程中，可以围绕"父母子女关系"进行案例设计，并向

学生进行提问："19岁的李某正在读大学，他是否有权利请求父母支付生活费？"在对这一问题分析过程中，一些学生认为：李某已经年满18周岁了，不应该向父母要生活费；还有一些学生认为：李某虽然已经成年了，但是由于在上学，并不具备独立生活的能力，有权利向父母要生活费。学生们针对这一问题，提出了上述两个观点。在对问题分析过程中，结合相关法律中的规定，未成年或不能独立生活的子女有权利要求父母支付抚养费。通过这一点来看，虽然李某已经成年了，但是其不具备独立生活的能力，所以他有权利请求父母支付生活费。通过案例分析，利用法律对道德问题进行考察，以提升学生的道德和法律的认知。

2.借助道德评价突出法律思维

在道德与法治教学过程中，要从"道德"和"法治"两个方面对学生进行引导。在这一过程中，要注重让学生意识到法律思维和道德思维之间的差异性，并且在二者之间出现冲突后，懂得如何对冲突进行解决。在这一过程中，学校要注重对教师做好管理，使教师认识到利用道德评价突出法律思维，并且将其在教学中进行有效渗透。这一过程中，学校要注重对教师做好管理，加强教师的培训工作，使教师的教学理念得到革新，从而使教学方法应用更具针对性。

3.做好课程定位，把握教学关键点

新形势下中小学生道德与法治教学工作的开展，要注重对课程做好定位。学校在这一过程中，要对新课改的新要求做好把握，号召教师加强对道德与法治教学工作的研究，对课程的新要求做好把握，从而使教师能够把握教学的关键点。这样一来，通过学校的支持，教师队伍的探索，使道德与法治教学开展更具针对性，更好地满足学生的学习需要，使道德与法治教学工作得到更加有效的开展。

(四)转变教育观念，重视道德与法治教育

中小学生道德与法治教育工作的开展，学校要把握形势发展特征，对原有的教学模式进行革新，使道德与法治教育工作开展更具针对性，以更好地提升学生对道德素养、法律知识的认知。学校对教育观念的转变，要注重把握以下几点内容：

1.注重对教育内容进行强化

在道德与法治课堂教学工作开展过程中，要注重结合学生的实际情况，对教师备课、教师讲课情况进行把握，总结和归纳教师教学中的问题及不足，从而做出针对性的改进，使教师掌握有效的教学方法，以更好地提升教学效果和教学效率。

2.对教师的考核方式进行有效改革

道德与法治教育工作开展，通过设计有效的考核方式，使教师能够对这一问题予以重视，从而改变原有的教学方法，更好地提升道德与法治的教学效率。在对教师考核过程中，可以通过开会探讨的方式，确定教师队伍考核方案，使考核更具针对性，发现教师教学过程中存在的问题及不足，以做好有效改进、

3.注重对教师的理论水平和实践能力进行提升

中小学道德与法治教育工作开展，要立足于新课改的要求，对教师的能力进行提升。这一过程中，学校要有计划地组织教师培训工作，对道德与法治教育改革的新情况做好把握，使教师明确教学重点和教学任务，从而在教学工作开展过程中，更好地选择教学方法，提升教学的效果。

第四，注重对信息技术进行应用，丰富道德与法治教育的资源，开阔学生的视野。在这一过程中，学校要注重加强教师的信息素养培养，定期开展教师培训工作，以提升教师的信息技术操作能力，更好地满足实际教学需要。

综合上述分析来看，随着我国素质教育改革的不断深入发展，道德与法治教育工作开展发生了较大的改变。在这样的背景环境下，学校要做好教学改革，对传统教学方法存在的问题和不足进行改变，立足于学生的实际情况，使道德与法治教学更具针对性。在开展教学过程中，学校要加强对教师的考核和指导，并有计划、有组织地开展教师队伍培训工作，使教师把握新形势下中小学道德与法治教育的关键点，对采取的教学方法进行针对性的改进，以满足学生的学习需要，更好地提升学生的道德与法治素养。

第 七 章
德育社会化的家校育人模式
创新让生命教育绽放异彩

第七章 德育社会化的家校育人模式创新
让生命教育绽放异彩

据新京报报道，2020年6月23日，青岛律师张某于在家中去世，享年45岁。次日，青岛市公安局内部人员证实，张某的15岁女儿有重大作案嫌疑，已被警方控制，目前正在调查中。上述内部人员透露，因张某女儿认为母亲对她的要求过于严格，引发母女矛盾。

这样的家庭悲剧，令我们痛心疾首，毛骨悚然。我们在悲叹、震惊的同时，也不难发现，社会上出现的家庭惨剧背后隐藏着太多的相似：过度而畸形的爱，盲目而过高的期望，过多的奚落与责骂，物质上的满足而情感上的缺失，无效的沟通与分享，淡漠而麻木的亲子关系，家长重视对孩子智力的培养而忽视品德与人生观教育。这使得孩子缺乏对生命的敬畏和珍视，缺乏抗挫折的意识和能力，出现漠视生命、轻生和伤害他人生命的极端事件。这也给我们敲响了警钟：家庭需要生命教育。

教育，是生命个体实现社会化的系统工程。一个孩子从出生到长大成人，所接受的教育是全方位的，系统的，主要包括家庭教育、学校教育和社会教育。尽管在人们的期望、期待中，学校是完成学生学习与成长，即养成高尚德性与习惯、学习基本知识技能、发育健康身心和体魄、成就天赋潜能的重要场所，乃至将学生的教育责任完全交给学校，但事实上问题并非如此简单。尤其是在今日学校德育方面，学校既要正确认识自己的教育责任，更要关注家庭、社会对于学生的多种影响。也就是说，要解决今日德育难题，我们必须从学校、家庭、社会的多维度、多角度、多层面、多种复杂的关系中去研究育人机制，探讨其中奥秘。

第一节　家庭教育是德育的基础

培养合格接班人的育人目标，主要就是从教育社会学的角度看待人的社会化问题的。人是社会关系的总和，每一个生命个体的社会化目标不同，都是由于现实社会对人的社会性、合格性、规范性提出了不同的质量要求的。因此，"培养现代城市人"就是通过"教育一个学生、带动一个家庭、辐射一个社区"，实现教育的社会化。

一、从人的社会化认识德育

我国政府对学校教育方针、培养目标、教育质量提出了统一的要求，但不同的学校要根据不同的时代要求、不同的社区背景、不同的家庭实际情况和不同社会人群的认识水平，对这一要求做出事实判断和价值应答。

我国幅员辽阔，社会经济发展很不均衡，教育差别的存在是难以避免的。所以各地学校培养的人，首先必须要考虑适应当地社会的要求，使之成为当地社会能够接纳的社会成员，这是保证每个人生存的基本需要。其次，家庭是社会的细胞，也是青少年个体社会化的重要场所。家庭的发展、迁移，是以社会的发展以及家庭在社会的地位决定的，而人们总是随着家庭、个体活动空间的扩大不断地延伸新的社会化过程，然后才能成为新的社会范围合格的成员。我认为培养现代城市人，是我们社会转型对提升个体社会化目标的客观要求，这就要求不仅仅针对学校的学生，也针对所有的家长和在城市生产与生活的所有成员。

总的说来，个体社会化意义包括以下几方面：

(1) 个人获得必要的价值与规范，发展适当的角色与智能，成为适宜的社会成员的历程。

(2) 个人接受文化规范，形成独特自我的过程。

(3) 社会化是终生不断的、持续不绝的过程。在不同的年龄阶段，个人必须学习新的事物，发展新的角色。

(4) 不同社会均有其社会化的途径或形式。个人在社会化历程中习得种种的社会规范、行为方式和生活模式。

(5) 同一社会中，大多数人的思想、态度、价值观念和行为规范则有相当程度的一致性。由于被社会化的个人身心特质、天赋素质的差异，以及社会化环境因素的不同，不同的个人虽然经历相同的社会化过程，但仍有个别差异现象的存在。

从教育社会学的角度看，小学生的社会化具有如下特质：

(1)它基于出生以后，受其照顾者所提供的社会化环境及其环境中的刺激所获得的最早的社会化经验。

(2)儿童在3岁至8岁这个时期，个体社会化的范围更广，内容亦在改变。其重点是培养思考力、观察力，学习使用文字和书写，并且熟悉各种复杂的规则。

(3)影响儿童社会化的因素，除了父母、性别、出生顺序、家庭结构等家庭因素外，首推同龄伙伴及学校教师。其他如大众传媒（特别是电视、网络）、学校经验等，都会影响儿童的语言、智力、价值、习惯与行为。小学生教育的重点是"养成良好习惯，保护身心健康，充实生活经验，增进伦理观念，培养合群态度"。

从教育与社会的关系看，学生社会化主要存在两个方面：

(1)矛盾性。如在现代社会，社会化与教育有明显不同。由于学校教学功能的扩张，可能削弱其他社会化机构的功能。学校教育对"其他社会单位不能系统传授的知识"的强调，导致学校对书本知识传授的过分偏重。学校教育的扩张，除了造成教育资源高度集中在学校体系之外，也使得一般人认为只有学校的所教所学才有价值。教育能否成为一种有效的社会化工具，在于如何处理教育与其他社会组织的学习关系，在于个人社会化的背景影响正式教育的事实。

(2)协调性。教育社会化之间的关系密切，彼此如能协调配合，则个人的学习和成长可以相辅相成、相得益彰。如果相互抵消和妨碍，则个人的学习效果将大打折扣。

基于这些观点，我认为学校教育尤其是德育必须采取全面性开放，必须把社会、家庭、学校的三种教育有机整合，形成一个培养人的系统工程。由于社会是由家庭构成的，每一个学生都生活在一定的家庭之中，所以家庭教育是这个系统工程的重要环节，它对学校教育和社会教育的成败时刻都会产生举足轻重的影响。因此，我认为，学校作为专门教育人、培养人的机构，不仅要做好自身的教育工作，而且应该在指导、引领家庭教育方面充分发挥作用。

二、用"培养合格人才的理念"引导家教

首先，家庭教育是实现"培养合格人才"目标的基础。家庭是孩子的第一所学校，而父母则是孩子的第一任老师。这两个"第一"有力地说明了家庭教育的重要地位。

德育是人的社会化的主要内容。因为，道德生活是人类社会的生存与发展的基本条件，很难想象是一个对道德规范一无所知的个体能够被社会人群所接纳，能够获得生存与发展的空间。道德认识、道德行为习惯的养成，从孩子出生以后就开始了，而以独有的方式给孩子最早的影响和教育的是父母。父母用深挚的爱对孩子进行最早的生活和智慧的启蒙。可以说，以父母为主的家庭教育水平的高低决定着孩子做人起点的高低。

我们从大量家庭教育调查发现，家庭教育决定于父母的教育能力，而非取决于经济水平。如果家庭教育水平高，孩子从小在道德行为习惯等方面发展较好，那么教师在培养学生健康成长时就能收到事半功倍的效果，否则就要投入更大的力量予以补偿和矫正，而且效果往往又是事倍功半。

一般说来，家庭教育的内容、教育价值取向，与家庭所处的社会环境有着直接的关系。我们必须承认农村人有农村家庭的教育方式，城市人有城市家庭的教育特点。如果父母身处城市，而且城市化程度比较高，孩子从小就会接受城市文明的洗礼。此外，一个家庭的教育环境对孩子的教育具有基础性作用，如在一个书香弥漫的家庭，孩子从小就可能以书为友；在一个夫妻不和、"战争"四起的家庭中，孩子从小就可能常与小伙伴不和。所以说孩子在入园、入学前的表现，都客观地反映出不同家庭教育的效果。从这个角度讲，孩子进入学校接受教育的基础，乃至长大后成为什么样的人，家庭中的父母对孩子的影响起着最原始的"塑型"作用。

其次，家庭教育对培养现代社会合格人才的良好行为习惯起着潜移默化的作用。

孩子从第一次条件反射的形成，到生活习惯的培养，从咿呀学语到思维不断发展，都与父母的精心培育和持久影响密切相关。一对父母带着孩子走出家门，走入街道，进入商店、走人公园等公共场所，父母的言行举止，就是孩子最好的示范。这种教育常常是无声胜有声的，并且它日复一日、年复一年地伴随着孩子德行的养成、德性的成长。

城市化要求所有人接受现代城市文明洗礼，家庭教育也必须以城市化的要求不断改进。城市化的家庭教育，能否提高文明程度，能否把城市人的行为规范、社会责任、规则意识等作为德育内容，它直接影响学校德育的转型，直接影响城市社会文明建设。因此，

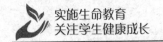
我们认为学校教育和社会教育是学校德育的基础，学校教育一定要取得家庭教育的密切配合。

家庭教育对于学校具有补充、巩固、提高的作用。在城市化的进程中，父母城市化应该走在孩子的前面，如果父母具有良好的性格和高尚的道德情操，与学校教育配合得好，就能使学校教育的不足在家庭教育中得到弥补，能使学校的德育效果在家庭中得到强化和巩固。如果配合不好，或者说家长的行为习惯较差，就会大大削弱和抵消学校教育的效果，使学校教育不能很好地发挥其社会化作用。因此，要搞好学校德育，我们要求家长先从自己做起，努力成为"现代城市家长"，并积极配合学校培养孩子的良好行为习惯。

我校还以"家长学校"为平台，坚持每学期的定时、定主题、定主讲人的家长培训。我亲自给全校家长分批讲课，内容包括"低年级孩子的行为习惯培养""怎样和好书交朋友""多元智能漫谈""家庭教育秘诀"等，同时也聘请成功家长传授家教经验，分享家教快乐。以"家长委员会"为载体，定期邀请家长代表来校共谋学校发展大计，听取家长合理化建议，促进学校德育工作。以"亲子主题班会""亲子才艺表演""书香家庭评选""潜在天才家长会""现场家教咨询""感谢父母养育之恩"等活动为内容，增进家校沟通融合，提升广大家长"现代城市人"的素养，提高家教能力。

三、促进学校与家庭教育的融合

学校教育建立在家庭教育基础上并且必须依靠家庭教育的配

合。从理论上讲，虽然学校教育中教师队伍是相对稳定的，甚至不少教师能够做到跟班数年，将一个刚入学的小学生带到小学毕业，却没有一位教师能把学生从小学幼儿园直带到可大学毕业。这样，教师对学生发展情况的整体了解就有一定的局限性。对于每一个孩子来说，父母与孩子的相处一般是长期稳定的，每位父母的心中都有一部孩子的成长史。父母与孩子长久性的关系以及对孩子较为真实的了解都是家庭教育的有利因素。充分发挥这种优势，就能协助学校和教师对孩子实施全面而有效的教育。

从实践上讲，每一个家庭必须而且可以做到关心自己子女的道德成长。现在家庭中，无论学生的父母有无课业的辅导能力，但都应该具有观察孩子心灵的能力，懂得做人的道理，有基本的社会知识、基本行为规范、向善爱美心理、助人为乐品质以及基本道德修养方法，有基本的是非观念和道德判断能力，等等。具有这些就可以对孩子的基本道德教育、生命关怀、情感变化给予必要的关怀。一般说来，对于小学生，每个家长都有指导、辅导自家孩子道德成长的教育能力，即使这些能力也很欠缺，只要自己做好，注意自己的行为规范和举止文明，也可以对孩子的行为习惯产生积极的影响。每个孩子有相当多时间生活在家庭，不可避免地要与家长，与他人发生各种伦理道德行为的互动关系，父母的直接感受和行为反应，对孩子的道德成长都会发生直接的影响。我们要求学校德育与家庭教育的有机结合，一方面是家长对孩子的关心和爱护，为我们提供了基础和条件；另一方面父母的教育经验也可以给我们提供参

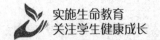

考和借鉴。在与家庭教育合作的层面上，我们要求教师特别是班主任既要对家长的家庭教育给予指导，或者通过家长学校对所有的家长给予指导，同时也要虚心向家长学习育人经验。

在"培养合格人才"的教育实践中，加强教育资源的整合，建立家庭与学校德育的互动合力，形成家庭与学校的有效德育机制，是我校德育的基本特点。培养现代人才，对我校德育内容、德育方式、德育机制进行了大胆革新，也有效促进了学校德育基础的建设。为了培养现代城市人，我们要求每一个为人父母者一定要增强家庭教育的意识，自觉担负起对孩子从小进行家庭教育的重任。同时，我也要求学校教师积极争取家长、社会的支持和配合，使学校、家庭、社会形成一种强大的教育合力，共同肩负起培养现代城市人这一神圣的责任，为孩子们的健会化康成长撑起一片晴朗的天空。

第二节 深入开展生命教育需要家长的支持配合

每个新生命的历程都是一个神秘的过程，蕴涵着无限的可能性。处于不同时代、不同家庭的生命个体，都将迎来天地间属于自己的那份独特和唯一。与此同时，每个生命也都要经历人类生命的一般性周期：出生、入学、立业、成家、为人父母、旧家庭消失、新家庭……

家庭是一个由亲子组成的、以爱和生命为载体的组织，承担着人类生命成长的伟大主题。在家庭生活中，伴随着孩子的成长，父母的生命历程也在一点点展开。家庭对每一个家庭成员生命成长的塑造作用，是其他任何组织都无法代替的。孩子从一出生就开始接受来自家庭的影响，家庭的结构模式、家庭的文化底蕴、家庭氛围、父母的处事风格、父母的教养方式都会在潜移默化中烙入孩子的生命，塑造着生命的个性、特有的精神品质和价值观念，从而奠定孩子基本的生命底色和根本的精神面貌。世界上最珍贵的是生命，良好的家庭教育应主动以生命教育作为其价值追求和存在形式，从小在孩子心中树立起生命意识，教会孩子敬畏生命、珍惜生命，提高孩子的生存技能，教会孩子营造幸福人生。生命初始的教育是学校无法替代的，正如苏霍姆林斯基所言："家庭是大海上神奇的浪花，从这朵浪花上能够飞出美好。如果家庭没有孕育人世间美好事物的神奇力量，学校所能做的，就永远只能是再教育了。"

"我们为什么要孩子?"最有水准的答案是："我们可以参与另一个生命的成长。"如果在我们的有生之年，一直可以参与到自己孩子的生命成长中去，那又何尝不是一种幸运和幸福呢?

新生命的诞生对一个家庭来说是一件具有标志性意义的事情。这个年轻的家庭，因为新生命的闯入而迎来了全新的家庭结构和关系模式。为人父母者从此以后被赋予了一种全新的角色和使命，面对这个由自己亲自创造的小生命，他们在感到自豪和神圣的同时，也感到茫然和无措，一份与生俱来的责任感也随之诞生。

面对鲜活可爱的小生命，家长都曾油然而生出一种使命感：

给孩子最好的教育，为他们的生命涂上最灿烂的底色。然而，很少有人是天生的教育家，多数人都是在孩子生命成长的过程中不断学习着如何做合格的家长。孩子在一天天长大，经历着咿呀学语的婴幼儿期、蒙昧快乐的童年期、躁动激进的青春期、成年而未成熟的青年期……家长参与着孩子生命成长的各个阶段，用自己的价值取向、思维方式、审美情趣影响孩子，也不断从孩子身上得到反馈。

一、构建家庭教育的五种基本形态

家庭教育第一种重要的存在形态是熏陶。在一定的情境和氛围中，通过富于感染力的、充满真诚的叙说，展示或待人接物中自然流露出的态度与情怀，给予孩子潜移默化的影响，起到春风化雨、润物无声的效果。熏陶更多地作用于情感，作用于气质和性格。家风之所以重要，就在于它无时不在地熏陶着所有"在场"的人。家长对生活充满着热爱，孩子也会更多地热爱生活；家长通情达理善于沟通，孩子也会更善解人意；家长习惯赞美和欣赏，孩子也会更乐于发现别人的优点。

家庭教育的第二种存在形态是主题学习，即有明确规划的学习领域和学习主题，并以这些学习主题为抓手，系统地了解、理解、熟识和掌握在这些主题上的已有的认识成果。这样做的好处：一是可以培养孩子的专注力，使他们在一段时间内聚焦于一定的学习主题；二是可以提高学习的效率，将所有注意力放在一个特定的主题上，必定会学得更通透更深入；三是可以增进亲子关系，家长和孩子共同钻研某个主题，会有共同的话题，也会留下共同处好的记忆。究竟要学习哪些主题?如何来学习这些主题?这是另一个问题。这取决于我们的理想信念、知识观和学习观。

家庭教育的第三种存在形态是训练。受过教育的人，一定是在某方面训练有素。比如，体育运动的技能训练，音乐教育中乐器弹奏的训练，美术教育中绘画技能的训练，推理技能的训练，生存技能的训练等都是必需的。训练中包含示范、反馈、调节(矫正)等。"操千曲而后晓声，观千剑而后识器。"学习总是由浅入深，由不系统不全面到系统全面。训练总是由少到多，由易到难，由简单到复杂，由模仿到创造，由粗疏到工巧等，都是沿着由低到高、由生到熟、由粗到精的序列前进的。在家庭教育中，特别重要的一点是训练孩子养成受益终生的好习惯。习惯是人生之基，习惯如何常常可以决定一个人学业的成败，也可能导致事业和人生的成败。教育家叶圣陶说："教育就是培养习惯。"一旦明白了良好行为习惯决定孩子的命运，父母不必成为教育家或心理学家，只要承担起最基本也是最重要的责任——培养孩子的良好习惯即可。

家庭教育的第四种存在形态是自由探索。发展孩子自由探索的内在需要，是教育的重要目标，让孩子有自由探索的时间、空间、素材和心境，自由探索才有可能。人们的内心都渴望新鲜的感受和生命的奇意，这是自由探索的力量源泉。家长应多引领孩子观察自然与社会并省察自我，以便发现问题和提出问题，进而形成自由探索的主题。鼓励自由探索，掌握探索的方法。丰富和提升探索的内在动机，形成探索的智慧，在今天变得越来越重要。当孩子有探索

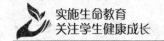
的需要时，学习会变得更为自觉和更为高效。

家庭教育的第五种存在形态是评价。评价有过程性评价和终结性评价之分，也有发展性评价与甄别性评价之别。评价有导向、激励、调节(反馈)、检查、甄别筛选等功能。与评价相关联的学习成绩的考查和评定，品行的评定，奖励与惩罚都是教育的构成要素。评价之所以是教育的存在形态，就因为在评价中渗透着价值的引导，评价帮助孩子形成自我认识和是非标准。有些家长总是过度地关注孩子的考试分数、智力发展、升学就业等，却忽视孩子的内心世界和生命的真正成长，造成孩子轻视自己的生命价值，抗挫折能力差，悲观厌世。因此，家长需要关注儿童包括认知发展在内的整个身心的发展，不要把孩子的成长窄化为学业成绩。家长也不应机械地评价孩子，而应看到他的进步。

这五种存在形态并不是彼此孤立存在的，经常地你中有我，我中有你。家长要善于为孩子的生命成长营造一个立体的教育氛围。

二、怎样利用家庭生命教育的力量

没有爱就没有教育。爱是教育的基石，然而， 并不是所有的爱都能成就美好的教育。那些扭曲了的、以家长为中心的溺爱、偏爱、有条件的爱等，不但不能给孩子带来幸福，反而会毒害孩子的生命，阻碍孩子的健康成长。只有给予孩子其真正需要的、无条件的真爱，才能为孩子的生命奠定坚实的爱的基础，使他们以更好的生命状态书写自己的人生，从而收获生命的价值感和意义感。真爱是家庭生命教育的力量。那么如何给孩子以真爱呢？

(一)尊重孩子真实的需要

给孩子以真爱，首先需要了解孩子的各种需求及身心发展特点，给孩子真正需要的爱。相信每一个父母都爱孩子，中国的父母更是愿意为孩子"鞠躬尽瘁"。然而，很多家长只是一味地爱，而忽视孩子的个性特点，无视孩子不同发展阶段对爱的需求的不同。这种盲目的爱必定收效甚微且危害巨大。庄子讲过一个《鲁侯养鸟》的故事：

有一只美丽的大鸟飞到了鲁国，鲁国的国君非常喜欢它，于是命令御厨做山珍海味招待它，命令乐师开联欢晚会犒劳它，可是没过两天，这只被国君百般庞爱的鸟就在惊吓中死去了!在国君心中，他所做的一切都是为了鸟好，可是这种好却害死了这只鸟。

这个故事对我们的启示是好心也可能办坏事。每个生命都是独一无二的，都有各自不同的需要，我们需要尊重生命，"己所不欲，勿施于人。己所甚欲，也勿施于人"。自己不喜欢的不要强加在别人身上，自己喜欢的也不要强加于人。许多父母总是认为自己做的都是为了孩子好，殊不知，自以为是、一厢情愿的好在对方看来可能是负担和控制，会让孩子产生不好的情感体验，甚至害了孩子。

(二)允许孩子犯错

相信每一个家长都不愿意看到自己的孩子犯错，但是没有一个孩子能够在成长的路上永不犯错。现实生活中，很多家长"望子成龙"心切，对孩子要求过于严格，不允许孩子犯错。在这种苛刻的环境中长大的孩子，一旦犯了错误，只能选择掩盖和撒谎，久而久之就失去了诚实、坦诚的优秀品质。长此以往，他为了不犯错，会忽略和回避自己内心的真正需求和愿望，这就压抑了孩子的个性和生命潜能的发展。这样的孩子往往懦弱，没有主见，缺乏创新精神，容易随波逐流，生命的独特性无法绽放。

"水至清则无鱼"，错误是孩子生命中的养分，利用得好，错误可以丰富和滋养孩子的个性，促进孩子的生命成长。家长与其苛求孩子不犯错误，或者是绞尽脑汁地预防孩子犯错误，倒不如多一些宽容和接纳，少一些比较和苛求。适时给孩子一个犯错的机会，也给孩子一个在错误中警醒和有所感悟的空间，使孩子在信任和鼓励的环境中得以正视自己的错误，并在每一个错误中学习和成长，相信这样孩子会走得更踏实，更稳健。

(三)无条件接纳孩子

现在很多父母以爱孩子、为孩子好的名义，对孩子提出很多要求，当孩子做出相应的"好行为""好表现"时，父母就给予表扬和称赞；当孩子表现不佳时，父母就给予责备、挖苦和讽刺。长此以往，这些孩子就会认为，父母爱自己就是因为自己满足了父母的要求。他们明白了：要让父母继续爱自己，就得乖乖按照父母的要求去做。而这些行为都不是出自他们的内心，父母给予的这种有条件的爱，在他们心中也被涂上了交换和功利的色彩。这种爱不能使他们对父母产生感恩之心，他们依然会感到孤独无助、空虚和难过，无法建立起自身生命的意义感和价值感。

被别人无条件接纳、得到过无条件真爱的孩子，他会知道，别人爱自己是因为爱自己这个人本身，而不是因为自己优秀的外在表现。这样，他便会从内心深处觉得自己这个人本身是值得爱的，他也就不会为了得到别人的爱而刻意地取悦别人，从而就能从心底建立起一种深层次的安全感和自我价值感。

(四)不打骂孩子

我们经常听到一句话："打是亲，骂是爱。刀子嘴，豆腐心。"这其实是狡辩和借口。我们经常听到一首歌："好爸爸、坏爸爸，打起屁股啪啪啪。"这其实是无奈和自嘲。真正的爱里没有暴力，只有亲昵；没有声色俱厉，只有和颜悦色。"打孩子、骂孩子"一定是会让孩子伤心的，一定不利于建立和谐与温暖的亲子关系。

(五)多陪伴孩子

曾看到一个小故事，有个男孩儿问他爸爸一个小时能赚多少钱，爸爸说是20元，于是他向爸爸要了10元然后又回自己的房间找出自己积攒的10元零用钱一起拿给爸爸说："爸，我想买你一个小时，您每天那么忙碌，就留一个小时给我吧。"爸爸听了热泪盈眶。这个故事反映了现代人的一种现象：忙，忙到没有时间陪伴自己身边最亲的人。他们可能有时间陪同事、陪领导、陪客户，就是没有时间陪父母、陪爱人、陪孩子。这导致许多人无法建立亲密而深入的关系，甚至导致家庭关系破裂。俗话说"日久生情""陪伴是最长情的告白"，投入时间是建立亲密关系必不可少的。现在很多人诟病"丧偶式育儿"，就是指家庭教育中有一方忙于工作没时间教育孩子。更可怕的是父母双方都没时间管孩子，如深受社会关注的"留守儿童"，他们的身心问题整体上要比一般儿童多，这其中的重要原因就是缺少父母的陪伴。教育就是温情的陪伴，如果把时间都花在应酬上而错过了孩子的成长，那是得不偿失的。生命匆匆，家长要好好珍惜和孩子在一起的时光。

第三节 家庭生命教育的基本内容

人的生命包括身心灵三个部分，身是指身体，心是指心理与情绪，灵是指灵性。如果要对应起来说，身是人的自然生命，灵是人的精神生命，心是人的社会生命。对灵性不高的人来说，喜怒哀乐总与他人密切相关。

每个人都要学会管理好自己的身体，调节好自己的情绪，增长自己的灵性与智慧，只有这样，生命才会更长久，更快乐，更明亮，更有价值。因此，生命教育的主要内容就应该是对身心灵的关照，涵括自然生命、社会生命、精神生命发展的知识、技能、情感态度价值观。

疫情期间，教育部中小学心理健康教育专家指导委员会针对中小学生的居家学习生活提出了10条建议，很好地体现了家庭生命教育的内容。

一、关于身体、自然生命的内容

身体是生命的居所。"皮之不存，毛将焉附"，没有身体的存在，学习、生活、工作、教育都无从谈起。因此，维护身体安全与健康的意识。知识与技能是生命教育的重要内容。要让孩子学会保全和养护身体，远离危险与诱惑，使自然生命更长久。

如建议1提道："保持健康生活方式，做好个人清洁卫生。在疫情期间遵照少出门、戴口罩、勤洗手的原则，主动隔离，保持个人和居家的清洁卫生。要保持作息规律，保证睡眠时间，合理膳食，均衡营养，增强自己的免疫力和抗病毒能力。"

建议4提道："开展室内锻炼活动，保持良好身体状态。结合自己的兴趣和生活条件自主选择活动方式，每天开展1小时左右的室内运动，如进行垫上俯卧撑、仰卧起坐、平板支撑，还可以跳健身操、转呼啦圈、踢毽子等。适当的运动不仅可以消除疲劳，提高大脑中的血氧含量，并且能够促进大脑活动，既健身又悦心。"

建议7提道："控制电子产品使用时间，做到合理有度。在家长的指导下，同学们可以适当使用手机等电子产品，但不可时间过长，也不能影响正常作息。可以与家长确定好双方每天使用手机和网络的时段、时长等，共同遵守你们制定的规则，从每一天做起。"

教育部中小学心理健康教育专家指导委员会给全国中小平学生

在疫情防控期间居家学习生活的建议，都是有利于身体健康，有利于自然生命的内容。

二、关于心理、社会生命的内容

人的心看不见，但它的复杂性与重要性不亚于身体，它甚至决定着人的身体健康和生命幸福。弥尔顿说："心灵是特别的地方，在那里可以把天堂变地狱，把地狱变天堂。"因此，处理各种情绪，维护心理健康的意识、知识与技能是生命教育的重要内容。要让孩子学会与人交往，学会情绪管理，使社会生命更丰富。

如建议2提道："坦然面对情绪变化，理解和接纳负面情绪。在疫情压力下，同学们可能会出现焦虑、恐慌、愤怒和烦躁等各种不良情绪，这是人面对应激事件的正常心理反应，是机体自我保护的体现，越是压抑和否认，就越容易被情绪支配。面对负面情绪，同学们不必过于敏感和紧张，也无须否定自己的感受，积极理解和接纳负面情绪的存在，才能更好地调节。"

建议3提道："科学看待疫情防控，学习情绪调整方法。通过官方渠道了解防疫信息、有关科学知识以及疫情防控措施，积极配合疫情防控工作，做到不信谣、不传谣。学会一些简单的心理调节方法，如'深呼吸放松法''肌肉放松法'等维护情堵稳定，也可以通过运动、音乐，倾诉来转移注意力，增加积极体验。"

建议5提道："密切亲友互动交流，做到隔离不隔心。在家里可以利用电话、微信等线上沟通平台与同学交流。与朋友保特联系，相互鼓励与支持不仅能够减轻孤独感，也能增强战胜疫情的信心， 并增进彼此的情谊。"

教育部小学心理健康教育专家指导委员会给全国中小学生在疫情防控期间居家学习生活的建议，这些都是有利于心理健康，有利于社会生命的内容。

我们把孩子从出生到成人的过程称为"社会化"。也就是说，一个人刚出生时可以说是"动物人"，正是通过人与人之间的相互作用和影响，才慢慢从"动物人"变成"社会人"。美国精神病学会给儿童制定的"社会化"诊断标准很有参考价值：

(1)至少有一个同龄的朋友，并且友谊至少维持六个月之久。

(2)在看不到有什么好处的情况下能够主动帮助别人。

(3)当他做了错事，造成了明显的不良后果，但未被人发现的时候，能够主动认错。

(4)别人做了对他不利的事时，能够原谅别人，不指责，不告状。

(5)对朋友或同伴的福利表示关心或者能够分享别人的幸福和快乐。为别人生日、考试优秀、获奖等感到高兴，主动向别人祝贺。

一般来说，在上述五条标准中，6岁以下儿童应至少符合一条；7至12岁的孩子应至少符合两条；13至18岁的孩子至少应符合三条。

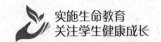
如果孩子在成长的过程中，达不到上述要求，就可以认为是社会化不足。社会化不足，不善与人交往，就可能导致情感和精神障碍。

三、关于灵性、精神生命的内容

"人是万物之灵"是指人有思想，人能觉悟、追求美、趣味与意义。如果一个人没有自己的精神世界，他就了无生趣，甚至如同行尸走肉。因此，不断发展孩子的兴趣与爱好，增长孩子的才能与智慧，让灵魂散发香味，让生命熠熠生辉，更是生命教育的重要内容。

如建议6提道："培养新兴趣新爱好，让生活变得丰富。同学们可以列出平日里一直想做但没时间做的事情，比如烹饪、学乐器、绘画、阅读、养植物等，制成'愿望清单'，按照优先级勾选出在家就可以实现的愿望，培养健康的兴趣爱好。可以按照家长和老师的推荐，选择适合自己的课外读物、视频资源、电视节目等，利用网络平台在知识海洋中畅游，让宅在家中的假期成为储藏知识的好时光。"

建议9提道："听从学校和老师安排，适应居家学习环境。延迟开学期间，同学们可以根据学校安排，通过网络课程、空中课堂等方式居家学习，并借此机会提高自我学习管理的能力。可以通过网络等途径学习时间管理方法，也可以通过自己设定'上课铃'和'下课铃'等方式找到课堂上课的感觉，还可以和同学约定时间共同学习，互相督促，一起进步。"

建议10提道："学习典型人物和事迹，增强心理正能量。在这场疫情防控阻击战中，有无数各行业的工作者牺牲了自己的休息时间，放弃了与家人团聚的机会，冒着被感染的危险，坚守在各自的岗位上，默默地守护着大家的安全。同学们要学习在党中央的坚强领导下全国人民众志成城抗疫情的伟大精神，不断增强爱党爱国爱人民爱社会主义的真情实感，更加懂得生命的意义，更加珍惜关好生活。"

教育部中小学心理健康教育专家指导委员会给全国中小学生在疫情防控期间居家学习生活的建议。是有利于潜能开发，有利于精神生命的内容。

生命教育的内容当然不止10条建议这么简单，但这10条建议为家长提供了很好的指南，是为了让孩子活得更强健，活得更快乐，活得更有意义。

四、正确引导孩子敬畏生命，守护生命

生命教育在我国家庭教育中几乎是空白，许多家长甚至根本没有听说过"生命教育"这个词。家长宁可花很多钱帮孩子去报钢琴、书法、舞蹈、作文等各种各样的特长补习班，却很少教孩子学习游泳、火场逃生、野外生存、自护自救等基本的生存技能，很少真正走近孩子的内心，耐心地了解他们真实的生命需要和问题。家长该如何对孩子进行生命教育呢？

(一)引导孩子敬畏生命

在岁月静好时，我们总以为人的力量很强大，"可上九天揽月，可下五洋捉鳖"，几乎无所不能。我们也总以为人的生命很长久，好像死亡与自己无关，"日子总过得太慢，毕业遥遥无期"。于是，我们极度膨胀，我们为所欲为。当我们对世界失去了所有的敬畏时，灾祸就来了。我们才发现，人是如此的小渺小，生命是如此的脆弱，小小的病菌就可以让一个个生命转瞬即逝，一个个家庭支离破碎，一个个城市手忙脚乱。一直以来，人类把动物关进笼子；疫情以来，动物成功地把人关进"笼子"。这是巨大的代价，也给我们敲响了警钟，世间万物，生命之网，我们每个人都要心存敬畏，我们也要引导孩子心存敬畏。万古不息的规律，敬畏与我们共存于这个世界的每一个生命，学会与大自然和谐共处，学会与其他物种长期共存，学会谦卑地倾听不同的声音。

(二)引导孩子守护生命

生命无常，无数天灾人祸告诉我们，死神到来的方式有千万种，谁也不知道意外与明天哪个先来。可以说，2020年的新冠疫情给全民上了一堂公共安全教育课，它让人们知道，威胁生命安全的因素就在身边，只有高度重视，科学防控，才能守护好自己和家人。"善是保持生命，促进生命；恶则是伤害生命，压制生命。这是必然的、普遍的、绝对的伦理原则。"守护好生命，不仅是一种重要能力，也是一种道德责任。教育部早在2007年就制定过《中小学公共安全教育指导纲要》，对公共安全教育的内容进行了分类，提出了各年龄阶段学生的安全自护能力培养目标。但由于我们成人本身安全自护意识和能力不强，少年儿童安全自护的现状也不太乐观。因此，我们要让孩子进一步明白生命极其脆弱，进一步增强守护生命的意识，进步学习维护安全与健康的知识与技能，学会科学预防，学会应急自救，学会养成健康文明的生活方式，守护好生命。

(三)引导孩子热爱生命

著名作家罗曼·罗兰说："世界上只有一种英雄主义，那就是看清了生命的真相后，依然热爱生命。"是的，无论如何，我们都要引导孩子热爱生命，热爱生命的顽强与坚韧，热爱生命的神奇与丰富，热爱生命的善良与美好，向着明亮那方。唯其如此，我们才会活得朝气蓬勃，世界也才会越来越美好。

每个生命来到这个世界上都是有使命的，最大的使命就是成就生命。作家林清玄说："我们增长自己的智慧，是为自己开朵花；我们献自己的心，是为世界开一朵花。"成就生命的方式有很多，但最终都指向完善自我，奉献社会。在这次疫情中，有许多感人事迹，80多岁高龄的钟南山院士叮嘱人们不要到武汉自己却亲赴武汉，金银潭医院院长张定宇医生身患渐冻症却身先士卒坚守在急难险重岗位，还有无数的医护人员、建筑工人、志愿者司机都在默默贡献自己的力量，他们在帮助别人的过程中成就了生命的价值。我们要让孩子知道，与疾病和困难做斗争，不是简单的喊口号，而是需要扎实的专业技能和无私的奉献精神，成就生命最好的办法就是好好学习，成为一个有价值的人。

最后，家长朋友们要记住："若想教育好孩子，家长首先要把自己的人生过好。"一个连自己都没有怀抱希望的人，没有事业心的人，没有成就感的人怎么可能给予孩子以良好的影响呢！一个成功者，是一个乐于探究的人，一个有尊严的人，一个体面的人，这本身就给了孩子一笔丰厚的精神财富，因为这给孩子的是一种无言的教育、无声的力量。家长首先要把自己的一生过好，让孩子在心里以你自豪，这就是生命影响生命。

第四节　凝心聚力家校共育，潜心育人教学相长

　　家校合作就是指家庭和学校形成合力，使学校在教育学生时，能更多地得到来自家庭方面的支持，而家长在教育子女时也能更多地得到来自学校方面的指导。在家校育人共同关注学生的成长过程中，我们从各班发现的问题和现象着手调研，梳理我校学生及家庭教育中存在的问题，结合学校现状，提出适合我校师生及家长互利成长的做法：拓宽家庭教育指导途径，丰富家校共育活动形式，转变家长教育观念，提高家校共育水平。凝聚教育合力，促进孩子健康成长。

一、发现问题，令人深思

　　还记得五年前，我们班有一个叫丁某某的小女生特别出众，个子高高的，做事情特别能干，刚上一年级，就被我们选为班长。她学习好，能力强，但是特别爱哭。不管是作业还是练习，总是得100分，只要没有得到100分，一定会大哭一场。没回答对问题哭，作

业没别人写得快也哭，总之，她就是一个自尊心特别强的敏感小孩儿。一天两天哭也就算了，怎么天天都这样？忍不住好奇，我想一探究竟。

一个晴朗的周末，我根据学籍卡上的地址，找到了这个乖巧又敏感的女生家中。当我敲开门的那一刹那，空气瞬间凝固了。只看到家里一个接近一米八的高个子在破旧的沙发上大吵大闹，扔东西，而丁同学却像一个小大人一样顺从地捡起扔掉的物品。"老师，您，您怎么来了？"丁大爷连忙走过来。"老师，既然您都看见了，我也实不相瞒了，我们家啊，差点毁了……"

"老师，我们孙女就是这样懂事的孩子，他曾经优秀的爸爸傻了，可她还是爱他的爸爸，但就是自尊心特别强。我们也没办法啊——"听了丁大爷这么一说，我也算是明白了，平日里乖巧懂事的孩子是怎么度过每一天的，她不愿意别人知道她有一个傻爸爸，她也不想让别人觉得她比别人傻。所以，时时刻刻都想表现得比别人优秀。这是孩子那颗幼小而又强烈的自尊心啊！看到懂事乖巧的孩子，我止不住内心的激动跑过去抱住了这个让人怜爱的孩子。丁大爷连忙拉开了我："老师，我知道您的好心，您快离开吧，要不然孩子的爸爸看到陌生人又要打人了。"

带着无比沉重的心情离开了丁同学家。这是一个品学兼优的好孩子。在学校，从表面看，孩子是很积极向上的，但通过家访进一步交流与沟通才知道，实际上孩子心里是很自卑的，她的内心敏感又脆弱。关注孩子的分数固然重要，但是孩子们的心理健康更需要

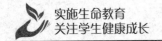
我们去细心呵护……

我们还发现，五年级7班贺同学也算一个"问题小孩儿"。贺同学不到一岁时爸爸就去世了，孩子由阿姨和叔父带大，妈妈在城里打工养家。可是无论家人多么爱他，他总是觉得家人不爱他，甚至有轻生的念头！现在的生活水平比我们小时候吃不起肉、穿不起漂亮衣服、买不起玩具的生活不知好多少倍，可是为什么这些小孩子有心理问题呢？

学校高度重视，立刻布置各班班主任摸排本班情况，这样的问题孩子有多少？孩子们的家庭成员如何？家长受教育的程度如何？家庭经济状况如何？通过全校大排查，我们发现，这些孩子多数是进城务工人员、下岗职工、残疾人员或单亲家庭的子女。他们的父母长期生活在社会底层，是社会"帮、扶、助"的对象，家长收入不稳定，脾气不太好，家长缺少教育孩子的方式方法，对待孩子简单粗暴。孩子或多或少存在着自尊心强、自卑、压抑、内向，甚至自暴自弃的倾向。

小学阶段又是孩子行为习惯养成的关键时期，家庭教育与学校教育不同步，导致孩子的认知和价值观不统一，心理出现问题的孩子越来越多，学习成绩无法保障。因此，作为一名教育者，主动走向群众、帮助群众，架起家校教育的桥梁，成为家长促进孩子学习过程的引导者、合作者义不容辞。

二、因地制宜，协同合作

(一)拓宽沟通途径，提高家校共育水平

苏霍姆林斯基在《给教师的一百条建议》中曾把儿童比作一块大理石。他说："把这块大理石塑造成一座雕像，需要六位雕塑家：家庭、学校、儿童所在的集体、儿童本人、书籍和偶然出现的因素。"从排列顺序上看，家庭教育和学校教育相互联系，相互补充，相互促进，而家庭教育被列在首位。因此，加强家校沟通，深入家校联系，拓展家庭教育指导途径势不容缓。

首先，建立微信群、QQ群，及时发布各类通知、反馈班级情况。学校官方微信公众号则及时向家长和社会介绍学校各项活动的开展，推送学生的精彩点滴，让父母实时了解孩子的学习动态。

其二，开展家校互访。学校倡导班主任和任课老师主动到学生家中上门家访，并做到有时间、有记录、有照片，认真落实家访工作。学校还设立了校长信箱，家长校访接待室，为家长了解学生情况、沟通解决教育问题提供方便。

其三，定期召开家长研讨会。分批组织家长座谈，交流家庭教育中的成功做法、经验介绍以及家庭教育中的困难，找出问题的症结，在学生的教育管理上形成共识。

其四，设立家长开放日，让家长全面了解孩子的在校情况及学校工作，让家长发现孩子的闪光点和学校对孩子的用心，拉近心与心之间的距离，由内而外发生转变。

其五，充分发挥家委会作用。学校成立了班级、年级、学校三

级家委会，制定了家委会章程，健全制度，确定工作职责，定期对家委会成员进行补选和改选。学校家委会在德育副校长的带领下，参与学校各项教学和管理工作。拉近学校与家庭，使家长和学校达成教育共识。

(二)开设家长课程，转变家长教育观念

"学校的家长课程给我解答了孩子成长中的困惑，让我受益匪浅。""感谢学校举办的家教沙龙，为我们家长培育孩子搭建了有效平台。"这是家长会上家长们的肺腑之言。

学校德体处在广泛调研的基础上，征集各年龄段家长在教育孩子方面的困惑，开设"最适合"家长的课程。解答了1000多名家长的家庭教育难题，收到良好效果。

每年新生入学之初，开设新生家长课程班，发放《幼小衔接家长手册》，邀请家庭教育专家何彦儒妈妈帮助家长明确怎样帮孩子养成良好的学习习惯，尽快适应小学生活。

根据六年级毕业班的特点，学校专门组织教科所专家为家长重点开展"如何做好小学与初中的衔接工作""学生青春期教育"等讲座。课程开设内容丰富、形式多样，深受广大家长朋友的欢迎。

(三)参与体验活动，丰富家校共育活动体系

结合传统节日，开展丰富多彩的活动，对学生进行感恩、孝道、安全、文明礼仪、红色传承以及生命教育，教会学生学习、生活和做人的品德。特别是在元旦、春节、五一、六一、七一、八一、十一等节假日和双休日组织的"亲子联欢"活动，每年春

秋两季的"运动会"，请家长参加的"亲子运动会""亲子才艺展示"活动，"双休日亲子一日游"活动，"亲子夏令营"等。参加的人有父子、母子、爷(姥爷)孙、奶(姥姥)孙等或全家齐上阵，一家人提前准备，互相帮助，团结一心，亲情的桥梁更加坚固。

拓展社会大课堂，邀请家长共同参与社会实践活动，植树节植树，"保护母亲河"志愿活动，"社区义工"等，处处都有家长们和孩子们留下的足迹。用心的活动，弥补了课堂教育的不足，又拉近了家长和孩子之间的距离，让家长和孩子共同成长，让亲子关系更加融洽。目前亲子活动已经形成了该校家庭教育的一大品牌。

陶行知先生曾说："在教师手里操着幼年人的命运，便操着民族和人类的命运。"而家庭教育如果只有善良的愿望，却没有先进的教育理念和科学的教育方法，只会事倍功半。教育是一个系统工程，促进青少年健康成长，是学校、家庭和全社会的共同责任。"水本无华，相荡乃成涟漪；石本无火，相击乃生灵光。"让我们怀抱赤诚之心，密切交流，协同合作，有效沟通，心往一处想，劲儿往一处使，凝聚教育合力，促进孩子健康成长。

三、搭建家校联动新平台，构建家校共育新理念

随着社会经济的发展，教育教学方式在进行不断的改革，教育工作者应当意识到在教育过程中除了学校教育，家庭教育也十分必要。学校应当定期与家长进行沟通与交流，双方协作共同促进学生的健康发展与全面发展。

家校联动新平台即通过学校与家长的交流合作，对学生予以双

向引导，从而促进学生全面发展的教育机制。这一平台不仅可以强化教师对学生的教育，还能够使家长更多地参与到学生教育中，使家长能够形成健康的教育观念，家庭教育与学校教育之间有效的衔接能够提高教育质量与水平。

(一)搭建家校联动平台的意义

由于成长环境的不同，学生的基础素质存在着明显的差异性，这种差异具体表现在学生的能力、习惯、学习方式、学习效果等众多方面。在实际的教学过程中，教师如果针对每一个学生的差异进行教学将在一定程度上增加教学的难度与复杂性。具体来说，当教学内容设置较为简单时，基础素质较高的学生将无法把自身的能力充分地展现出来。当教学内容设置难度较高时，基础素质较低的学生将很难追上教学进度。在这种情况下，学生很可能在学习过程中产生消极的心理，甚至对学习失去兴趣，产生排斥、抵触等情绪，而且小学生具有特殊性，其身心发展都尚不完善。如果家长不能与教师配合对学生进行引导与帮助，那么小学生的身心成长都可能受到较大的影响。只有通过建设家校联动平台才能够保证学生素质的有效提升，促进教学质量与水平大幅提高，家校共育理念的提出有着重要的实际意义。

在以往的学校教育过程中，除了家长会以外教师很少与家长进行有效的沟通与交流。这种情况造成了家庭教育与学校教育之间的失衡，学校教育完全占主导地位，而家长仅能通过成绩单了解学生在校的学习情况，判断学生在校的表现情况，这种了解与判断是较为片面的。很多教育教学活动仅凭学校教育是很难达到预期效果的。小学生的身心发展尚不成熟，他们对家庭与家长的依赖性较大，为了使学生能够主动接受教育教学，学校在展开教育教学活动时应当积极赢得家长的理解、支持与配合。家庭教育与学校教育相辅相成，二者缺一不可，家庭教育对学生的影响甚至要超过学校教育，学校、教师与家长都应当认识到这一点。家长应当积极承担教育责任，与学校教育协同配合从而促进学生的健康发展。

(二)搭建家校联动平台的途径

虽然很多学校已经意识到了家校共育的重要性，并逐渐增加与家长间的交流，试图通过家校联动平台的搭建促进学生能力与素质的提升，但是在实际的家校互动过程中还存在着两大误区：第一，由于以往在教育工作中学校占据主导地位，因此学校与家长都难以在短时间内转变观念、转换角色，日常教育中仍然以学校为中心；第二，由于家长对教育工作理解不足，加上自身工作较为繁忙以及家长素质的差异，家长很难意识到家庭教育的重要性与必要性，在教育过程中家长仍以学校为主导，自身则被动的配合学校各项工作的展开。

1.深入落实家校共育的教育理念

学校应当明确家校共育理念落实的意义与价值，在实际的教育工作中组织教师进行相关理念的学习，使教师能够形成正确的教育观念，主动参与到家校联动平台的建设中。学校应当对联动平台的搭建予以足够的重视，并组织优秀教师针对平台的搭建提出建设性的意见与建议，从而促进平台建设的完善。另外，学生的配合对这一平台的搭建也有着重要的意义。教师要对学生加以引导，使学生明白学校教育与家庭教育配合的内涵与意义，使学生能够积极配合教育工作的展开。

2.教师需对家长予以有效引导

家长的理解是家校联动平台搭建的必要基础与前提，只有让家长意识到搭建联动平台、促进家校共育的必要性与重要性，才能让家庭教育与学校教学协同发展。在搭建这一平台的过程中教师应当对家长进行引导，与家长开展有效的交流；教师应当告知家长家庭教育对学生成长的重要性，告知家长在教育中应当扮演的角色与承担的责任，从而使家校联动平台的建设能够得到家长的有力支持。另外，家校联动平台的建立应当以促进学生的全面发展为目标，即促进学生学习能力、心理素质、身体健康、思想意识等方面素质的全面提升，学校应当分配好教育任务，保证学校与家庭教育之间的无缝衔接。

3.学校要对联动平台的搭建予以管理

学校是家校联动平台搭建的组织者与管理者，学校应当发挥组织与管理的作用，制定合理的教育方案，明确各方的职责与任务，保证教育教学工作的顺利展开，从而提高教育教学质量。学校应当利用有效的途径与家长进行信息交流与互动，保障信息传递的流畅性与有效性，既要保证家长能够获得学校传递的教育信息，又要保证学校能够了解学生在家的学习情况以及家长对教育工作的想法。学校可以组织多种类型的主题活动，以增进家长与学校之间的关系。例如：学校设立家长工作室，家长进校园参与学校管理与学校活动；家长开放日、亲子活动日，让家长走进学校，走进课堂，组织家长参与到教学活动中，了解学校教育工作的实际情况，了解学生在校的表现情况。学校开设家长大讲堂，组织家长沙龙等这些活动的开展使家长有机会接触到先进的教育理念，从而更好地配合家校联动工作的展开。同时，小学生在学习的过程中渴望得到家长的认可与支持，因此家长的参与能够提高学生学习的主动性与积极性，从而在一定程度上提高教育效果与教学质量。

4. 以网络为依托搭建联动平台

由于很多家长工作较忙，平时他们很少有机会、有时间参与到教学活动中，为了保证教育信息传递的有效性，学校应当利用先进的信息技术与网络技术建设信息交流平台。例如学校可以开设微信公众号、微博等，一方面可以向家长发布学校教育教学活动的信息，另一方面可以实现家校的双向互动。除此之外，教师应当组织建立家长微信群或QQ群，从而保证能够将每个学生的信息都传递给对应的家长，提高家长在教育活动中的参与感。学校还可以建设校园网站，设置留言功能、上传功能、查询功能等，让家长有机会对学校的建设提出意见与建议，了解学生在校的学习成果及综合素质情况。以网络为依托能够保证沟通的便捷、及时与有效，减少时间与空间的限制，使家长愿意配合教育工作的展开。

5.建立健全各项机制保障

完善的机制是各项工作开展的保障，第一是家校联动平台应当建立对应的育人机制，即家校共育机制。明确在教育教学活动中家长、学校、教师等都是育人的主体，保证在教育活动中能够协调好各方的利益与关系，使家庭与学校都能够有效地育人。第二是家校联动育人建设机制。这一机制一方面是指对教师队伍的建设，即培养优秀的教师，加强教师培训，使教师的素质能够满足平台建设的需求，满足育人的需求；另一方面是联动设备建设机制，学校与家庭监督的互动离不开设备与技术的支持。因此，需要完善相关机制的建设。

总之，家校联动机制对小学生的成长与发展有着重要意义，在教育教学工作中应当充分发挥家庭教育的作用，使家长在教育当中的责任得到强化。在教育工作中家校共育理念应当不断得到落实，通过教师引导、机制的完善、网络平台建设等多种途径，实现家校联动平台的建设。

参考文献

[1]王卫华.教育现象学何以研究教育体验[J].复旦教育论坛，2013(05).

[2]王丽娟.体验教育与创新思维发展理论探讨[J].今日中国论坛，2013(21).

[3]邵兴江，赵风波.创造更美好的未来：英国《儿童计划》述评[J].外国中小学教育，2008.

[4]李敬，徐良.构建"1+1"体验式课程体系提升学生综合素养[J].中国教育学刊，2013.

[5]杜春红."体验周"特色活动课程构建与实施探索——广州市番禺区星河湾执信中学特色化办学管窥[J].中小学德育，2013(12).

[6]肖竹，谢军.论中小学法治教育的信息化资源建设[J].中国电化教育，2019(05)：7-13.

[7]覃淮宇，袁帅.中小学法治教育骨干教师国培计划培养模式研究——以南宁师范大学培养模式为例[J].广西师范学院学报(哲学社会科学版)，2019(02)：026.

[8]兰红燕.学校对农村青少年法治教育的路径探究[J].河北师范大学学报(教育科学版)，2019(02)：113-120.

[9]郄芳.论中小学法治教育课程的四个转向[J].课程教育研

究，2019（05）：75-76.

[10]向长征.中小学法治教育的四个维度[J].基础教育参考，2019（03）：72-74.

[11]郭琦，罗中堰.农村中小学思想道德教育存在的问题及对策[J].西部素质教育，2019，5（02）：52.

[12]罗嘉文.积极道德教育——中小学道德教育的新视角[J].韩山师范学院学报，2018，39（05）：109-112.

[13]刘芳菲."互联网+"背景下中小学道德教育影响与实践研究[J].中国信息技术教育，2018（06）：81-83.

[14]安文华，田夏彪.中小学道德教育中"教"与"育"分离现象审思[J].教育与教学研究，2017，31（08）：17-21.

[15]魏静园，于宗助.中小学道德教育应重视"底线伦理"教育[J].中国德育，2017（15）：6.

[16]朱伯兰，梁伟杰.新时代加强领导干部家风建设探析[J].重庆工商大学学报（社会科学版），2019，36（03）：80-85.

[17]陈岩，张植文.优良家风融入大学生思想政治教育的价值研究[J].党史博采（下），2019（04）：58-59+70.

[18]王晓丽.弘扬中华优秀传统文化建设新时代优良家风[J].文化学刊，2019（04）：135-137.

[19]王叶阳.运用法制节目开展道德与法治课后扩展延伸教学刍探[J].成才之路，2019（11）：17.

[20]陈娅，潘婷，王芹.新时代家风家训传承现状与对策分

析——以苏州市为例[J].江南论坛，2019(04)：30-32.

[21]雷洁琳.社会主义核心价值观视域下良好家风建设研究[J].学理论，2019(04)：167-168.

[22]王潇.家风对于提升思想政治教育实效性策略的研究[J].知识经济，2019(10)：140-141.

[23]国贺梅.基于搭建家校联动新平台促进家校共育新理念的研究[J].亚太教育，2015(04).

[24]李雪梅."浸入式"家校联动平台对学困生预防与矫正[J].科技创新导报，2014(28).

[25]安维民.家校联动互助合作的实践[J].现代中小学教育，2013(07).

[26]樊立三.基于思想政治教育的家校合作联动培养模式初探[J].山东青年政治学院学报，2012(01).

[27]余洁.论大学生心理危机干预及家校联动机制的建立[J].长沙铁道学院学报(社会科学版)，2012(01).

[28]陶行知.陶行知全集一《我们的信条》[M].成都：四川教育出版社，2005.